KB189079

불교

기도문

불교 기도문

매 순간 행복해지는 마음 습관

동명 지음

불광출판사

차
례

1장 | 일상의 기도

2장 | 특별한 날의 기도

3장 | 한 해의 기도

6장 | 법회 기도

7장 | 호법·전법·공양 기도

살아 있는 생명이면 어떤 것이든
보이거나 보이지 않거나, 이미 있거나 앞으로 태어날 것이거나
모든 중생이 안락하고 평화롭고 행복하기를!

인간이 거의 맨몸으로 살아야 했던 시절이 있었다.
굴이나 작은 움막에 의지해 추위와 더위와 바람과
비를 피했다. 주위에는 사나운 짐승들이 있어서
경계를 게을리할 수 없었다. 인간은 스스로 자신을
지키기 위해 강해져야 했다. 그러기 위해 무기와
도구를 마련했고, 먹고살기 위해 저장하는 법을
배웠으며, 추위와 위험으로부터 몸을 보호하기 위해
옷을 마련했고, 가족을 보호하기 위해 집을 더
튼튼히 짓는 방법을 찾았다. 그래도 위험은 언제나
인간을 위협했고 식량은 넉넉하지 않았다. 인간은
자신과 가족을 보호하기 위해 스스로를 단련했지만,
아무리 단련해도 비와 바람을 막기 어려웠고 가뭄이
닥치면 먹고살기 힘들었다. 이때 인간은 자연스레,
어쩌면 본능적으로 보이지 않는 대상을 향해
'기도(祈禱)'를 했다.
인간의 특징을 일컫는 용어 중에 '종교적 인간(Homo
Religiosus)'이라는 말이 있다. 종교를 만들고 믿는

것이 인간의 특징이라는 것이다. 종교를 어떻게
정의하느냐에 따라 그것에 대한 관점이 다를 수 있고,
종교를 믿지 않는다고 말하는 사람도 많이 있다.
그러나 종교를 고등종교에 국한하지 않고 나약한
인간이 보이지 않는 대상을 향해 기원(祈願)하는 태도,
즉 기복 행위로 생각하면 누구든 종교적이지 않은
사람이 없다. 어떠한 기원도 하지 않는 사람은 없다는
의미에서 소설가이자 목회자인 조성기는 인간을
'기도하는 인간', 즉 '호모 프레케스(Homo Preces)'라고
정의하기도 했다.
인간은 누구나 기도한다. 기도하지 않는다고 생각하는
사람은 기도하는 '의식'을 행하지 않을 뿐이다.
인간은 어려운 일이 있을 때, 중요한 일이 있을 때는
물론 평소에도 기도한다.

　　가만히 눈을 감기만 해도
　　기도하는 것이다.

서문

왼손으로 오른손을 감싸기만 해도

맞잡은 두 손을 가슴 앞에 모으기만 해도

말없이 누군가의 이름을 불러주기만 해도

노을이 질 때 걸음을 멈추기만 해도

꽃 진 자리에서 지난 봄날을 떠올리기만 해도

기도하는 것이다.

_ 이문재, 「오래된 기도」에서 (『지금 여기가 맨 앞』 문학동네, 2014)

이문재 시인은 우리의 모든 경건한 행위, 의미 있는
행위, 남을 위한 행위는 '기도하는 것'이라고 말한다.
그렇다. 우리가 행하는 착한 행위 속에는 항상 내가
평안하거나 잘되기를 바라는 마음, 남들도 평안하거나
잘되기를 바라는 마음, 이 세상이 평화롭고 행복한
곳이기를 바라는 마음이 담겨 있다. 그래서 프랑시스
잠(Francis Jammes) 같은 시인은 인간의 일상적인
일이야말로 위대하다고 노래했다.

위대한 것은 인간의 일들이니

나무 병에 우유를 담는 일,

꼿꼿하고 살갗을 찌르는 밀 이삭들을 따는 일,

암소들을 신선한 오리나무들 옆에서

떠나지 않게 하는 일,

_ 프랑시스 잠, 「위대한 것은 인간의 일들이니」에서

인간이 행하는 모든 선한 행위에는 긍정적인
기도가 담겨 있다. 그러나 한편으로 우리의 행위는
나쁜 결과를 초래하기도 한다. 그 행위를 우리는
악업(惡業)이라고 한다. 이문재 시인의 시처럼
인간의 행위가 긍정적인 기도의 의미를 담으려면,
우리의 행위가 늘 선업(善業)이 되도록 해야 할
것이다. 그러기 위해 우리는 생활 속에서 기도하고
기도를 생활화해야 한다.

한국의 불자들은 다른 종교인에 비해 생활 속에서
기도하는 습관이 몸에 배어 있지 않다. 식사할 때나
잠들기 전에 기도하는 불자는 보기 드물다. 어쩌면
이는 조선 시대 500년 동안 불교 탄압의 역사를
거치며 마음속으로는 불교를 신봉하지만 겉으로
드러내지 않는 습관이 몸에 배어서일지도 모른다.
그런데 최근 코로나 팬데믹의 영향으로 비대면
법회가 늘면서 자연스럽게 집이나 생활 공간에서
기도하는 사람들이 늘고 있다. 기도란 사찰이나
특정한 공간에서만 하는 게 아니라 일상적으로
해야 하는 것임을 자각한 듯하다.

이 책에 실린 여러 기도문은 법회 의식은 물론
일상에서 기도하는 습관을 기르자는 의미에서
마련되었다. 그런 의미에서 어려운 불교 용어보다

쉬운 일상언어를 사용하고자 했으며, 생활 속에서 쉽게 활용할 수 있는 기도문이 포함되었다.

1장은 가정과 직장 등에서 손쉽게 사용할 수 있는 생활 기도문을 담고 있으며, 2장은 탄생에서 죽음까지, 사람의 일생 전환기에 해야 할 기도문을 담았다. 3장은 1년의 주요 절기를 중심으로 한 기도문을 엮었다. 4장은 부처님의 생애 및 성지와 관련된 기도문을, 5장은 수행 정진과 관련된 기도문을 담았다. 6장과 7장에서는 각종 법회 발원문을 모았다. 진정한 기도의 힘은 '나'를 넘어서 '우리'를 향할 때 발휘된다는 진리를 더욱 많은 사람이 깨닫게 되길 바라는 마음에서다.

기도를 어렵게 생각하지 말자. 우리는 이미 기도하고 있다. 다만 마음을 모아 집중해서 기도하지 않으면 온갖 염원들이 어지럽게 흩어져 힘을 잃게 된다. 우리가 기도문을 작성해서 따라 읽으며 기도하는 이유가 여기에 있다. 이 책에 나온 기도문에 자신만의 서원을 굳건히 담아서 기도해 보기를 바란다. 명심할 것은 기도를 완성하는 두 날개가 '간절함'과 '정성'이라는 사실이다. 매 순간 그런 마음으로 기도하는 삶을 살아간다면, 반드시 기도가 이루어질 것이다.

이 책을 엮는 데는 양민호 편집자의 노고가
결정적이었다. 책이 나오기까지 수고해 준
불광출판사 임직원들께 깊은 감사를 드린다.

서문

1

일상의 기도

자기의 행복을 추구하면서
행복을 추구하는 다른 사람에게
피해를 주지 않는다면
그는 다음 생에
반드시 행복을 찾으리.

아침을 맞이하며

착한 행위는 급히 서두르고 나쁜 행위는 억제하라. 착한 행위에
느린 마음을 가지면 나쁜 행위에 즐거움을 느끼기 쉽나니.
_ 『법구경』 제116송

이 아침, 푸르고 맑은 몸과 마음으로
합장하며 발원합니다.
질투하고 성내는 마음 버리고 선하고
깨끗한 본성으로 돌아가겠습니다.
슬기로운 하루, 감사하는 하루,
기쁨의 하루를 살겠습니다.
용서하고 이해하고 받아들이는
하루를 만들겠습니다.

부처님!
날마다 신선한 놀라움과 감동의
나날이기를 바랍니다.

날마다 즐겁고 기쁨이 약동하는
인생이기를 바랍니다.
부처님을 믿고 부처님과 함께 출발하는 이 아침,
기쁨과 영광과 승리의 아침입니다.
거룩한 부처님께 귀의하며 지극한 마음으로
발원합니다.

나무 석가모니불
나무 석가모니불
나무 시아본사 석가모니불.

하루를 시작하며

위없는 진리로서 영원하고
법성광명으로 자재하신 부처님!
부처님은 뭇 생명을 위해 더없는
평화의 가르침을 주셨습니다.
부처님의 가르침으로 저는 생업에 열중하고
소중한 생명의 가치를 깨우쳐 가고 있습니다.
그러나 아직 미혹하여 삶이 주는 고통으로부터
자유롭지 못하고 보이지 않는 미래가 항상
불안합니다.
이에 부처님께 발원하여 마음의 평화를 찾고
내일의 희망을 일구어 나가고자 합니다.
부디 따뜻한 보살핌으로 이 미혹한 중생을

이끌어 주소서.

부처님의 가르침에 따라 오계를 굳건히
지키겠습니다.
첫째, 살아 있는 것은 함부로 죽이지 않겠습니다.
둘째, 남의 것은 절대로 훔치지 않겠습니다.
셋째, 사음하지 않겠습니다.
넷째, 거짓말하거나 교묘하게 꾸며서 말하거나
이간질하거나 험한 말을 하지 않겠습니다.
다섯째, 술을 마셔서 취하지 않겠습니다.

대자대비 부처님!
오늘 이 기도가 지극히 너그러운 부처님의
대비원력에 섭수되어 이미 그 안에 있음을 믿으며
다시 한번 굳게 서원합니다.
부처님의 특별한 자비 위신력이 함께하여 가족이
화목하고 가업이 흥성하며 일체장애를 이겨내
청정원이 원만히 성취되게 하소서.

나무 석가모니불
나무 석가모니불
나무 시아본사 석가모니불.

식사를 하기 전에

이 음식이 어디에서 왔는가?
내 덕행으로는 받기 부끄럽네.
마음의 온갖 욕심 버리고
육신을 지탱하는 약으로 알아
도업을 이루고자 이 음식을 받습니다.

〈공양게〉 원문

計功多少量彼來處 (계공다소량피래처)

村己德行全缺應供 (촌기덕행전결응공)

防心離過貪等爲宗 (방심이과탐등위종)

正思良藥爲療形枯 (정사양약위료형고)

爲成道業膺受此食 (위성도업응수차식)

일상의 기도

출근하며

아름다운 꽃을 찾아 헤매듯 마음이 감각적 쾌락에 빠져 있는 자를
죽음은 먼저 앗아가 버린다. 그가 쾌락에 채 만족하기도 전에.
_『법구경』 제48송

거룩하신 부처님!
일터를 향해 출발합니다.
이렇게 밝은 일상을 시작할 수 있게
지혜와 용기를 주시는 부처님, 감사합니다.
부처님의 가르침에 감사합니다.
승가에 감사합니다.
제가 일할 수 있게 해준 세상의 모든 인연에
감사합니다.
직장생활 속에서 때로는 몸과 말과 뜻이 적절하지
못할 때도 있었고, 부처님 가르침에 어긋날 때도
있었음을 깊이 참회합니다.

오늘 하루 세상에 이익이 되는 일을 하겠습니다.
오늘 하루 모든 생명에게 이익이 되는 일을
하겠습니다.
오늘 하루 나라에 이익이 되는 일을 하겠습니다.
오늘 하루 사회에 이바지하는 일을 하겠습니다.
오늘 하루 가족을 행복하게 하는 일을 하겠습니다.
오늘 하루 저에게 이익이 되는 일을 하겠습니다.

제 말과 행동이 부처님 가르침에 어긋나지 않도록
노력하겠습니다.
매사에 알아차림을 실천하겠습니다.
고요한 마음을 유지하겠습니다.
부처님 은덕에 감사하는 마음으로 일터로 갑니다.

나무 석가모니불
나무 석가모니불
나무 시아본사 석가모니불.

일상의 기도

일과를 시작하며

위대하신 부처님!
부처님은 뭇 생명을 위해 더없는
평화의 가르침을 주셨습니다.
부처님의 가르침으로 저는 생업에 열중하고
소중한 생명의 가치를 깨우쳐 가고 있습니다.
그러나 아직 미혹하여 삶이 주는 고통으로부터
자유롭지 못하고 보이지 않는 미래가 항상
불안합니다.
이에 부처님께 발원하여 마음의 평화를 찾고
내일의 희망을 일구어 나가고자 합니다.
부디 따뜻한 보살핌으로 이 미혹한 중생을
이끌어 주소서.

오늘 일과를 시작하면서 부처님께 기도합니다.

제가 하는 일이 저와 가족에게
보탬이 될 수 있기를 소망합니다.
제가 하는 일이 우리 사회의 안녕에
이바지할 수 있기를 기원합니다.
제가 하는 일이 우리나라의 이익에
함께하기를 기원합니다.
제가 하는 일이 세상 모든 생명의 안녕에
도움이 되기를 기원합니다.

대자대비 부처님!
오늘도 제 일과를 진행함에 성실하겠습니다.
매 순간 알아차림을 수행으로 삼겠습니다.
늘 마음을 고요히 하는 수행을 하겠습니다.
그리하여 제 일과가 부처님 가르침에 어긋나지
않고, 세계 평화에 이바지하며, 모든 어려운
이웃에게 도움이 되게 하소서.

나무 석가모니불
나무 석가모니불
나무 시아본사 석가모니불.

일과를 마치며

전단향과 따가라향과 자스민향이 아무리 훌륭해도 바람을 거슬러
가지 못한다. 계행의 향기만이 바람을 거슬러 가나니, 계율을 지닌
이의 향기는 사방으로 퍼져간다.

_『법구경』제55송

위대하신 부처님!
부처님은 뭇 생명을 위해 더없는
평화의 가르침을 주셨습니다.
부처님의 가르침으로 저는 생업에 열중하고
소중한 생명의 가치를 깨우쳐 가고 있습니다.
그러나 아직 미혹하여 삶이 주는 고통으로부터
자유롭지 못하고 보이지 않는 미래가 항상
불안합니다.
이에 부처님께 발원하여 마음의 평화를 찾고
내일의 희망을 일구어 나가고자 합니다.
부디 따뜻한 보살핌으로 이 미혹한 중생을
이끌어 주소서.

오늘 일과를 마치면서 부처님께 기도합니다.

제가 하는 일이 저와 가족에게
보탬이 되었는지 돌아봅니다.
제가 하는 일이 우리 사회의 안녕에
이바지했는지 돌아봅니다.
제가 하는 일이 우리나라의 이익에
함께했는지 돌아봅니다.
제가 하는 일이 세상 모든 생명의 안녕에
도움이 되었는지 돌아봅니다.

대자대비 부처님!
오늘의 일과를 별 탈 없이 마침에 감사합니다.
집으로 돌아가서도 알아차림을 잊지 않겠습니다.
잠자리에 들기 전 마음을 고요히 하는
선정 수행을 하겠습니다.
저의 일과가 항상 부처님의 가르침에 어긋나지
않고, 세계 평화에 이바지하며, 모든 어려운
이웃에게도 도움이 되게 하소서.

나무 석가모니불
나무 석가모니불
나무 시아본사 석가모니불.

퇴근하며

❦
설사 악한 자라 하더라도 아직 악행의 과보가 나타나지 않아 행복을
누리고 있을 수도 있다. 그러나 악업의 결과가 나타날 때 그는 엄청난
고통을 당하리.

_『법구경』제119송

거룩하신 부처님!
오늘의 일과를 마치고 퇴근합니다.
오늘도 무사히 일할 수 있어서 감사합니다.
지혜와 용기를 주시는 부처님, 감사합니다.
부처님의 가르침에 감사합니다.
승가에 감사합니다.
제가 일할 수 있게 해준 세상의 모든 인연에
감사합니다.
오늘 저의 몸과 말과 뜻이 바르지 못했던
부분을 참회합니다.

오늘 하루 세상에 이익이 되는

일을 했는지 돌아봅니다.
오늘 하루 모든 생명에게 이익이 되는
일을 했는지 돌아봅니다.
오늘 하루 나라에 이익이 되는
일을 했는지 돌아봅니다.
오늘 하루 사회에 이바지하는
일을 했는지 돌아봅니다.

이제 집으로 돌아가 가족과
행복한 시간을 갖겠습니다.
스스로를 돌보는 시간도 갖겠습니다.
부디 저와 함께 일하는 동료들이 늘 건강하고
행복하기를 기원합니다.
오늘 제가 지은 공덕을 세상의 모든
어려운 이웃을 위해 회향하겠습니다.

나무 석가모니불
나무 석가모니불
나무 시아본사 석가모니불.

하루를 마치며

거룩하신 부처님께 귀의하며 합장 발원합니다.
하루를 끝내고 편히 쉬려 합니다.
안전하게 보낸 오늘 하루 감사합니다.
오늘 저녁 불보살님의 청정함으로
제 마음의 먼지와 때를 씻어 주소서.
충실한 하루였는지, 이웃을 위해 봉사한
삶이었는지 반성하게 하소서.
부처님의 자비원력에 의지하여 발원합니다.

나무 석가모니불
나무 석가모니불
나무 시아본사 석가모니불.

잠자리에 들며

🌾

오늘 밤 편안한 잠자리에 감사합니다.
잠 속에서도 부처님의 은혜 잊지 않고
온 세상의 평화를 꿈꾸겠습니다.

나무 석가모니불
나무 석가모니불
나무 시아본사 석가모니불.

아버지를 위하여

항상 곁에서 우리를 밝게 비춰 주시는 부처님!
부처님 은혜로 행복하게 살아가고 있음에 감사합니다.

자비로우신 부처님!
아버지를 위하여 합장 기도하오니
정성 어여삐 여기사 굽어살펴 주소서.

아버지에게 건강과 지혜를 주시고
남에게 믿음직한 친구가 되게 하시며
가정을 더욱 빛나는 행복으로 이끌게 하소서.
어디에 가든지 부처님의 가호가 함께하기를
두 손 모아 지극한 마음으로 기도합니다.

나무 석가모니불

나무 석가모니불

나무 시아본사 석가모니불.

일상의 기도

어머니를 위하여

비록 착한 사람이라 하더라도 아직 선행의 과보가 나타나지 않아
고통을 당하고 있을 수도 있다. 그러나 선업의 결과가 나타날 때 그는
크나큰 이익을 즐기리.
_ 『법구경』 제120송

따뜻한 자비로 감싸 주시는 부처님!
이 시간 조용히 마음 모아 합장하고
어머니를 위해 기도합니다.

모든 복을 갖추신 부처님!
어머니는 오직 남편과 자식만을 위해
밤낮없이 수고했습니다.
부디 어머니가 지금이라도
당신의 인생을 살아가게 하소서.
남은 인생을 행복하게 꾸려가도록
지혜와 용기와 건강을 주소서.
저는 어머니의 크신 사랑을 잊지 않고

조금이나마 보답하려고 노력하겠습니다.
언제나 부처님을 믿는 마음으로 어머니를
섬기겠습니다.
거룩하신 부처님께 귀의하며 굳게 서원합니다.

나무 석가모니불
나무 석가모니불
나무 시아본사 석가모니불.

조부모를 위하여

❦
덕이 높고 나이 많은 어른들을 항상 존경하고 받드는 사람에게는
네 가지 이익이 따른다. 수명 장수(長壽), 용모의 아름다움, 행복,
그리고 건강이 그것.
_『법구경』제109송

연꽃같이 맑고 밝으신 부처님!
언제나 인자한 눈길 보내 주시고
어려운 일 있을 때마다 큰 힘으로 도와주시며
소원이 있을 때마다 귀 기울여 들어주시는 부처님께
두 손 모아 지극한 마음으로 기원합니다.
항상 저희를 따스하게 아끼고 염려해 주는
할아버지와 할머니를 보살펴 주소서.

자비로우신 부처님!
할아버지 할머니는 고단한 세상살이를 희망으로
견디며 성실하게 일하고 가족과 사회를 위해
봉사했습니다.

이제 부처님 법에 의지해 마음공부를 하며
오래오래 건강하게 살도록 도와주소서.
쓸쓸할 때 서로가 서로에게 의지하게 하소서.
눈과 귀를 밝게 하고 언제나 미소 짓게 하소서.
거룩하신 부처님께 귀의하며 지극한 마음으로
발원합니다.

나무 석가모니불
나무 석가모니불
나무 시아본사 석가모니불.

행복한 가정을 위하여

🌾
아름답고 향기도 좋은 꽃이 그것을 가진 사람에게 미와 향기를 주듯
부처님에 의해 잘 설해진 담마를 실천 수행하면 많은 이익이 있다.
_『법구경』 제52송

대자대비 부처님!
부처님은 큰 사랑으로 온 세상을 비추고 계십니다.
부처님의 자비광명 앞에 엎드려 예배하며
소박하고 절절한 소망을 염원합니다.
그동안 저희 가정에 베풀어 주신 은혜에
감사드립니다.
부처님의 가르침 섬기기를 다하지 못하고
실천을 게을리한 허물 깊이 참회하며
다시 한번 물러섬 없는 정진을 다짐합니다.

지금껏 부처님의 가르침에 따라 바른 직업을
가지고 사회에 봉사하며 성실하게 살았습니다.

앞으로 걸어갈 길에도 부처님의
자비광명을 밝게 비춰 주소서.
어려움이 닥칠지라도 넉넉하게 이겨낼
힘과 용기와 지혜를 주소서.
부처님의 가르침과 가피 속에 자녀들 또한
건강하게 바른길을 씩씩하게 나아갈 수 있도록
지혜와 용기를 주소서.
아울러 좋은 인연 만나 아름다운 가정을
이룰 수 있도록 지혜와 복덕을 주시기를
간절히 기도합니다.

자비로우신 부처님!
제 가족이 가는 길마다 부처님의 대광명이 항상
빛나서 막힘이 없고, 행하는 일마다 여러 보살님의
자비가 함께하여 항상 순조로우며
만나는 사람마다 착한 뜻 함께하여 머물고
행하는 일마다 뜻대로 성취하여
부처님의 위없는 은혜 갚게 하소서.

나무 석가모니불
나무 석가모니불
나무 시아본사 석가모니불.

공부하는 사람을 위하여

위없는 진리로서 영원하고
법성광명으로 자재하신 대자비 부처님!
모든 중생의 등불이신 부처님께
엎드려 감사드립니다.
오늘 지혜로운 삶의 길을 찾아 학업에
매진하고 있는 (   )를 위해 발원하오니
부처님의 자비광명 비추어 살펴 주소서.

바라옵건대, 학업을 향한 끝없는 열정이 뜻하는
바로 이루어질 수 있도록 은혜를 베풀어 주소서.
깊고 바른 지혜를 쌓아 사회와 세계를 밝게 빛내어
겨레와 인류에 헌신할 수 있는 거룩한 공덕으로

회향하게 하소서.
오늘 이 발원이 부처님의 크신 가호력 속에서
반드시 성취되리라 믿으며, 부처님 가르침을
실천하고자 하는 서원을 더욱 굳게 다집니다.

자비로우신 부처님!
(   )가 신체 건강하고 마음은 항상 평화로우며
어렵고 힘들어도 굳건하게 이겨내고, 온갖 대립과
한계의 벽이 가로놓일 때 오히려 힘을 내어 더욱 큰
발전을 이루며, 행하는 일마다 보살님과 신장님의
보호가 함께하여 부처님의 크신 은혜에 보답하게
하소서.

나무 석가모니불
나무 석가모니불
나무 시아본사 석가모니불.

인연 찾는 사람을 위하여

🌾
백 년에 걸쳐 매달 평범한 사람에게 일천 냥을 주는 것보다, 신에게
백 년 동안 제사 지내는 것보다, 일념으로 마음 집중을 수행하는
수행자를 찾아가 잠깐 동안 존경의 예를 표하는 것이 훨씬 낫다.
_『법구경』 제106송

위없는 진리로서 영원하고
법성광명으로 자재하신 대자비 부처님!
모든 중생의 등불이신 부처님께
엎드려 감사드립니다.
오늘 아직 좋은 인연을 만나지 못하고 있는
(   )를 위해 발원하오니
부처님의 자비광명 비추어 살펴 주소서.

(   )는 성실하게 일하며 부모에게 효도하고
이웃에게 친절을 베풀며 살고 있습니다.
부처님의 지혜광명에 힘입어 좋은 배필을 만나
화목한 가정을 이루고, 지혜로운 자녀를 낳아

기르며, 사회와 세계를 밝게 빛내어
겨레와 인류에 헌신하게 하소서.
오늘 이 발원이 부처님의 크신 가호력 속에서
반드시 성취되리라 믿으며, 부처님 가르침을
실천하고자 하는 서원을 더욱 굳게 다집니다.

자비로우신 부처님!
(   )가 신체 건강하고 마음은 항상 평화로우며
어렵고 힘들어도 굳건하게 이겨내고, 온갖 대립과
한계의 벽이 가로놓일 때 오히려 힘을 내어 더욱 큰
발전을 이루며, 행하는 일마다 보살님과 신장님의
보호가 함께하여 부처님의 크신 은혜에 보답하게
하소서.

나무 석가모니불
나무 석가모니불
나무 시아본사 석가모니불.

작은 생명을 위하여

거룩하신 부처님!
모든 생명을 사랑하라 가르치신
부처님께 귀의합니다.
모든 생명은 지극히 존귀하다는
부처님 가르침에 귀의합니다.
모든 생명을 위해 아름다운 활동을
펼치고 있는 승가에 귀의합니다.

부처님께서는 "살아 있는 생명이면 어떤 것이든,
움직이거나 움직이지 않거나, 길거나 크거나,
중간이거나 짧거나, 작거나 비대하거나,
보이거나 보이지 않거나, 멀거나 가깝거나,

이미 있거나 앞으로 태어날 것이거나,
모든 중생이 안락하고 평화롭고 행복하기를"
바라야 한다고 가르치셨습니다.

하지만 살아 있는 사람은 모두
자신도 모르게 생명을 죽이게 됩니다.
의도하고 뜻하지 않았지만
다른 생명을 죽게 했음을 참회합니다.
부처님의 자비로운 뜻 받들어 절대로
남의 고통을 바라지 않겠습니다.
모든 생명을 향해 가없는 자애를 키워 나가겠습니다.
오늘 저로 인해 죽은 모든 생명이 부디
좋은 곳으로 가기를 기원합니다.
모든 생명이 안락하기를 기원합니다.

나무 석가모니불
나무 석가모니불
나무 시아본사 석가모니불.

일상의 기도

반려동물을 위하여

거룩하신 부처님!
모든 생명을 사랑하라 가르치신
부처님께 귀의합니다.
모든 생명은 지극히 존귀하다는
부처님 가르침에 귀의합니다.
모든 생명을 위해 아름다운 활동을
펼치고 있는 승가에 귀의합니다.

핵가족시대를 살고 있는 현대인들은
반려동물을 중요한 가족으로 삼고 있습니다.
이에 저와 함께 살고 있는 반려동물
(   )를 위해 기도합니다.

부처님의 인연법은 반려동물의 소중함을
잘 일깨워 주셨습니다.
그럼에도 반려동물에게 바른 마음으로
바르게 행동하지 못했음을 참회합니다.
반려동물을 소유물로 생각하고 집착했음을
참회합니다.
반려동물을 상대로 화풀이했음을 참회합니다.
반려동물을 따뜻하게 보살피지 못했음을
참회합니다.

부처님께서는 "살아 있는 생명이면 어떤 것이든,
움직이거나 움직이지 않거나, 길거나 크거나,
중간이거나 짧거나, 작거나 비대하거나,
보이거나 보이지 않거나, 멀거나 가깝거나,
이미 있거나 앞으로 태어날 것이거나,
모든 중생이 안락하고 평화롭고 행복하기를"
바라야 한다고 가르치셨습니다.

부처님의 자비로운 뜻 받들어 반려동물을
따뜻하게 보살피겠습니다.
모든 생명을 향해 가없는 자애를 키워 나가겠습니다.
저와 함께 살고 있는 반려동물이 안락하고

일상의 기도

평화롭기를 기원합니다.
모든 생명이 안락하기를 기원합니다.

나무 석가모니불
나무 석가모니불
나무 시아본사 석가모니불.

지구를 위하여

위험하지 않은 일에서 위험을 보고 위험 속에서 위험을 보지 않는 자들,
그들은 사견을 지녔기에 악처에 떨어진다.
_『법구경』 제317송

거룩하신 부처님!
모든 생명을 사랑하라 가르치신
부처님께 귀의합니다.
모든 생명은 지극히 존귀하다는
부처님 가르침에 귀의합니다.
모든 생명을 위해 아름다운 활동을
펼치고 있는 승가에 귀의합니다.

부처님께서는 "온 세상 위로든 아래로든,
앞으로든 뒤로든 옆으로든, 원한도 적의도 없이
무량한 자애를 닦아 나가라"라고 가르치셨습니다.
실로 부처님의 인연법은 많은 중생과 더불어

아름다운 세상을 만드는 위대한 가르침입니다.
그러나 인간은 오직 인간만이 지구의 주인인 양
착각하고 자연을 함부로 이용해 왔습니다.

지금이라도 인간과 모든 생명이 이 지구를
공유하고 있음을 자각하겠습니다.
인간을 위해 자연을 개발할 때 다른 생명의
이익에도 부합하는지 점검하겠습니다.
부처님 말씀대로 서 있을 때나 앉아 있을 때나
누워 있을 때나 깨어 있을 때나 한결같이
자애의 마음을 굳게 지키겠습니다.
어떤 행위를 하건 자비심을 바탕으로 하겠습니다.

부처님!
저희가 부처님 가르침을 받들어 모든 생명과
더불어 행복해지도록 자비를 베풀어 주소서.
지구 환경이 오래도록 보존되어 인간과 함께 사는
모든 생명이 안락하고 평화롭기를 기원합니다.

나무 석가모니불
나무 석가모니불
나무 시아본사 석가모니불.

평화를 위하여

국경의 성을 안팎으로 물샐틈없이 지키고 보호하듯이 그렇게 자신을
잘 지키고 보호하라. 한순간도 방심하지 말고 삶을 허비하지 마라.
이 삶을 헛되이 보내고 나면 악처에 떨어져 슬퍼하리.

_『법구경』 제315송

거룩하신 부처님!
진정한 평화를 가르치신 부처님께 귀의합니다.
평화를 유지하기 위해 꼭 필요한
부처님의 가르침에 귀의합니다.
화합을 으뜸으로 여기는 승가에 귀의합니다.

인류의 역사는 피비린내 나는 전쟁의 역사였습니다.
살육을 통해 뺏고 빼앗기는 악순환의 반복이었습니다.
지금도 인류는 쉽사리 전쟁을 멈추지 못하고 있습니다.

거룩하신 부처님!
전쟁과 살육의 역사를 끊지 못하고 있는

일상의 기도

인류의 일원으로서 깊이 참회합니다.
불자로서 부처님의 진정한 평화의 가르침을
널리 펼치지 못했음을 참회합니다.
부처님 평화의 가르침이 다시 한번 세상에
큰 울림이 되기를 기원합니다.

자비하신 부처님!
세상 모든 사람이 부처님 가르침을 받들어
전쟁을 버리고 평화를 선택하기를 기원합니다.
세상 모든 사람이 평화 속에서 스스로의
안락과 행복을 추구하기를 기원합니다.
세상 모든 사람이 전쟁이 없는 나라에서
안전하게 살게 하소서.
세상 모든 사람이 다툼이 없는 나라에서
평화롭게 살게 하소서.
세상 모든 사람이 서로 화합하는 나라에서
행복하게 살게 하소서.

나무 석가모니불
나무 석가모니불
나무 시아본사 석가모니불.

공생과 치유를 위하여

🌾

실로 이 세상에서 원한을 원한으로는 풀 수 없는 것.
오직 용서로써만 그것을 풀 수 있나니, 이것은 영원한 진리.
_『법구경』 제5송

지혜와 복덕을 구족하신 부처님!
인류 역사를 통틀어 가장 위대하신 부처님과
모든 생명의 안락과 평화와 자유를 위한 가르침과
부처님의 가르침을 지키고 널리 펼치고 있는
승가에 귀의합니다.

오늘날 현대인들은 한없는 풍요 속에서도
오히려 빈곤하고 병든 삶을 살아가고 있습니다.
이는 인간의 탐욕과 증오와 어리석음으로 인한
공동체 정신의 망각과 훼손 때문입니다.
인류가 나아가야 할 길이자 유일한 행복의 길인
자비와 공생의 가르침을 잊고 살았던 지난날을

깊이 반성하며 참회합니다.

대의왕 부처님!
모든 생명의 질병을 퇴치하리란 서원을 세우신
약사여래 부처님!
사바세계 남섬부주 지구촌에 각종 질병이 퍼져
온 세계 사람들이 고통에 시달리고 있습니다.
오늘 부처님의 지혜와 복덕으로 이를 극복하고자
특별 기도를 올립니다.

부디 지구촌 사람들이 어떤 난제도 가볍게
해결하는 부처님의 지혜를 갖게 하소서.
사람을 병들게 하는 신체적·정신적 질병들이
더 이상 활동하지 못하게 하소서.
때로 어떠한 질병이 생기더라도 얼마든지
이겨낼 힘과 지혜와 방편을 베풀어 주소서.

세간을 속속들이 알고 모든 생명을
바른길로 인도하시는 위없는 스승 부처님!
이렇게 기도하는 저희 마음속에
조금이라도 탐욕이 있다면 일깨워 주소서.
남을 용서하지 못하고 증오하고 미워하는

마음이 있다면 일깨워 주소서.
나와 남을 구별하고 나밖에 모르는
어리석음이 있다면 채찍을 내려 주소서.
그리하여 뭇 생명이 지은 죄업이
저희의 기도 속에서 모두 녹아 사라지게 하소서.

부처님의 가르침 속에서 간절하게 기도하며
그 기도의 힘으로 일상에서 현명하고 너그럽고
청정하게 살아가겠습니다.
인간뿐만 아니라 모든 생명이 공존하는 길을
찾아가겠습니다.
전 인류와 뭇 생명이 언제나 건강하고 평화롭고
안락하게 하소서.

나무 석가모니불
나무 석가모니불
나무 시아본사 석가모니불.

좋은 일이 있을 때

늘 성성하게 깨어 있는 붓다의 제자는 밤이나 낮이나 항상
마음공부를 통해 즐거움을 느낀다.
_『법구경』제301송

대자대비 부처님!
인류 역사상 가장 위대하신 부처님께 귀의합니다.
신과 인간의 역사를 통틀어서 가장 위대한
부처님의 가르침에 귀의합니다.
인류 역사상 가장 위대한 공동체인
승가에 귀의합니다.

오늘 저는 (   ) 덕분에 즐겁고
행복한 하루를 보냈습니다.
이에 온 마음을 다해 (   )에게
감사의 말을 전합니다.
그리고 제가 누린 기쁨과 환희를

온 세상과 함께 나누겠습니다.
돌이켜 생각해 보니 지금껏 제 삶은
수많은 기쁨과 즐거움으로 가득했습니다.
때로는 지치고 힘든 순간도 있었지만
그보다 자주 행복을 느끼며 살았습니다.

거룩하신 부처님!
매사에 충만한 마음을 갖겠습니다.
언제나 제 삶에 깃든 행복을 느끼면서
작고 사소한 기쁨도 이웃과 나누겠습니다.
부처님의 가르침에 따라 몸과 느낌과 마음과
대상을 항상 알아차리면서 날마다 행복을
생각하겠습니다.

부처님!
충만한 이 마음을 언제나 유지하게 하소서.

나무 석가모니불
나무 석가모니불
나무 시아본사 석가모니불.

슬프거나 우울할 때

🌾

언제나 몸에 대한 알아차림을 충실히 하고 하지 말아야 할 일을
삼가고 해야 할 일에 열중하며 언제나 분명하게 알아차리는 이에게
번뇌는 없다.
_『법구경』 제293송

대자대비 부처님!
인류 역사상 가장 위대하신 부처님께 귀의합니다.
신과 인간의 역사를 통틀어서 가장 위대한
부처님의 가르침에 귀의합니다.
인류 역사상 가장 위대한 공동체인
승가에 귀의합니다.

요즘 저는 (   ) 때문에 슬프고 우울한
나날을 보내고 있습니다.
마음이 아프니 덩달아 몸도 병들고 하루하루
살아갈 의욕을 잃어가고 있습니다.

거룩하신 부처님!
아무리 어려운 일이 있어도
평정심을 유지할 수 있는 지혜를 주소서.
부처님의 자비로 제 마음의 어둠을 걷어내고
밝은 빛이 들게 하소서.
부처님의 가르침에 따라 몸과 느낌과 마음과
대상을 항상 알아차리겠습니다.
슬프고 우울해지는 마음을 다스리기 위해
수시로 선정 수행을 하겠습니다.
제 마음이 바람에 흔들리지 않는
굳건한 바위가 되게 하소서.
제 마음이 거친 물결도 잠재우는
잔잔한 호수가 되게 하소서.

나무 석가모니불
나무 석가모니불
나무 시아본사 석가모니불.

일상의 기도

불안하고 걱정될 때

대자대비 부처님!
인류 역사상 가장 위대하신 부처님께 귀의합니다.
신과 인간의 역사를 통틀어서 가장 위대한
부처님의 가르침에 귀의합니다.
인류 역사상 가장 위대한 공동체인
승가에 귀의합니다.

요즘 저는 (   ) 때문에 불안하고
근심 어린 나날을 보내고 있습니다.
마음이 불안정하니 일이 손에 안 잡히고
매일 밤에 잠도 편안히 이루지 못합니다.

거룩하신 부처님!
저의 이 불안과 걱정이 실체가 없음을 알게 하소서.
저의 이 불안과 걱정을 가라앉힐 큰 지혜를 주소서.
부처님의 가르침에 따라 몸과 느낌과 마음과
대상을 항상 알아차리겠습니다.
불안하고 걱정하는 마음을 다스리기 위해
수시로 선정 수행을 하겠습니다.
제 마음이 바람에 흔들리지 않는
굳건한 바위가 되게 하소서.
제 마음이 거친 물결도 잠재우는
잔잔한 호수가 되게 하소서.

나무 석가모니불
나무 석가모니불
나무 시아본사 석가모니불.

감사할 일이 있을 때

자주 암송하지 않으면 경은 가치가 없고 잘 가꾸지 않으면 집은
허물어지네. 게으르면 아름다움은 추해지고 늘 깨어 있지 않으면
마음이 더러움에 물드네.

_『법구경』 제241송

대자대비 부처님!
인류 역사상 가장 위대하신 부처님께 귀의합니다.
신과 인간의 역사를 통틀어서 가장 위대한
부처님의 가르침에 귀의합니다.
인류 역사상 가장 위대한 공동체인
승가에 귀의합니다.

오늘 저는 (   ) 덕분에 큰 힘을 얻었습니다.
이에 온 마음을 다해 (   )에게
감사의 말을 전합니다.
돌이켜 생각해 보니 지금껏 제 삶은
수많은 사람의 은혜가 있었기에 가능했습니다.

부모님, 스승님, 친구, 가족 외에도 많은 사람의
응원과 도움을 받으며 살았습니다.

거룩하신 부처님!
매사에 감사하는 마음을 갖겠습니다.
부처님 은혜에 감사하고, 부모님 은혜에 감사하고,
스승님 은혜에 감사하고, 직간접적으로 도움을 준
모든 인연에게 감사합니다.
부처님의 가르침에 따라 몸과 느낌과 마음과
대상을 항상 알아차리면서 날마다 감사해야 할
일을 생각하겠습니다.

부처님!
감사하는 이 마음을 언제나 유지하게 하소서.

나무 석가모니불
나무 석가모니불
나무 시아본사 석가모니불.

상처를 받았을 때

대자대비 부처님!
인류 역사상 가장 위대하신 부처님께 귀의합니다.
신과 인간의 역사를 통틀어서 가장 위대한
부처님의 가르침에 귀의합니다.
인류 역사상 가장 위대한 공동체인
승가에 귀의합니다.

오늘 저는 마음에 큰 상처를 받았습니다.
(   )가 저에게 상처가 되는 말과
행동을 하였기 때문입니다.
이 상처는 영원하지 않으며 실체가 없음을 알지만
그럼에도 쉽사리 잊히지 않습니다.

거룩하신 부처님!

부디 제 마음이 더 이상 흔들리지 않도록

제 마음을 바위로 만들어 주소서.

물결이 일었다가도 금방 잔잔함을 되찾아 가는

깊은 호수로 만들어 주소서.

제 마음속에 (   )를 조금이라도 미워하는

마음이 있다면 크게 꾸짖어 주소서.

부처님의 가르침에 따라 몸과 느낌과 마음과

대상을 항상 알아차리겠습니다.

분노와 미워하는 마음을 다스리기 위해

수시로 선정 수행을 하겠습니다.

저와 (   )가 늘 마음의 평화를 유지하게 하소서.

서로에게 미움을 갖지 않게 하소서.

나무 석가모니불

나무 석가모니불

나무 시아본사 석가모니불.

일상의 기도

상처를 주었을 때

🌾
자기야말로 자기의 원수. 어리석은 자들은 지혜가 부족하여
함부로 움직이며 악행을 저지르나니 마침내 가혹한 벌을 받는다.
_『법구경』 제66송

대자대비 부처님!
인류 역사상 가장 위대하신 부처님께 귀의합니다.
신과 인간의 역사를 통틀어서 가장 위대한
부처님의 가르침에 귀의합니다.
인류 역사상 가장 위대한 공동체인
승가에 귀의합니다.

오늘 저는 (   )에게 큰 상처를 주었습니다.
날카롭고 성난 목소리로 상처가 되는 말과
행동을 하였기 때문입니다.
부드러운 말로 뜻을 전달할 수 있었음에도
그렇게 하지 못했습니다.

엎드려 깊이 참회합니다.

거룩하신 부처님!
상처 주는 말과 행동이 잘못임을 알면서도
사과하지 못한 어리석음을 용서해 주소서.
지금 당장 온 마음을 다하여 (   )에게
엎드려 사과할 수 있는 용기를 주소서.
만약 제 마음속에 조금이라도 미워하거나 무시하는
마음이 있다면 크게 꾸짖어 주소서.
부처님의 가르침에 따라 몸과 느낌과 마음과
대상을 항상 알아차리겠습니다.
분노와 미워하는 마음을 다스리기 위해
수시로 선정 수행을 하겠습니다.

저와 (   )가 늘 마음의 평화를 유지하게 하소서.
서로에게 미움을 갖지 않게 하소서.

나무 석가모니불
나무 석가모니불
나무 시아본사 석가모니불.

2

특별한 날의 기도

행동의 결과가

기쁨이요 행복이어서

한 점 후회도 없었다면

그의 행동은

매우 훌륭한 것이다.

탄생을 축하하며

설사 황금이 소낙비처럼 쏟아진다고 해도 감각적 욕망을 다
만족시키지는 못한다. 그것은 다만 고통을 줄 뿐이라는 것을
지혜로운 사람은 너무나 잘 알고 있다.

_『법구경』 제186송

부처님!
부처님과 부처님의 가르침과 승가에 귀의합니다.
부처님의 은덕으로 소중한 한 생명이 이 세상에
태어났습니다.

감사합니다, 부처님!
아기가 건강하게 태어난 것은 부처님께서
세세생생 중생들의 안락을 위해
보살행을 닦으신 공덕입니다.
오늘 저희는 무릎 꿇고 새 생명을 위해
몸과 마음을 정갈히 하여 기도합니다.
지난 세월 저희가 욕심내고 성내고 어리석어

지은 죄업 깊이 참회합니다.
더 이상 악업을 짓지 않고 오직
선업을 쌓기 위해 정진하겠습니다.

부처님!
부처님의 가르침을 가슴 깊이 새기면서
새 생명을 위해 기도합니다.
이 아이가 건강하고 씩씩하게 자라나
세상의 훌륭한 일꾼이 될 수 있도록
한량없는 가르침을 베풀어 주소서.
이 아이가 세상에서 유리하다고 교만하지 않고
불리하다고 비굴하지 않게 하소서.
역경을 두려워하지 않고 형편이 잘 풀릴 때
오만하지 않게 하소서.
재물을 오물처럼 볼 줄 알고, 터지는 분노야말로
가장 무서운 적임을 알게 하소서.
때로는 풍류를 즐기되 향락 앞에서는 사슴처럼
두려워할 줄 알고, 불의 앞에서는 호랑이처럼
무섭고 사나울 수 있게 하소서.

이 아이가 무슨 말을 들었다고 쉽게 행동하지 않고
그것이 사실인지 깊이 생각하여 이치가 명확할 때

과감히 행동할 것을 소망합니다.
벙어리처럼 침묵하고 임금처럼 신중하게 말하며
때로는 눈처럼 냉정하고 때로는 불처럼
뜨거워질 줄 알기를 소망합니다.
부처님 제자로서 태산 같은 자부심을 갖되
누운 풀처럼 자신을 낮출 수 있기를 소망합니다.
그리하여 아이가 가족과 사회는 물론 나라와
전 인류와 우주의 모든 생명체를 위한
보살이 되게 하소서.

나무 석가모니불
나무 석가모니불
나무 시아본사 석가모니불.

특별한 날의 기도

첫돌을 축하하며

그 행동의 결과가 기쁨이요 행복이어서 한 점 후회도
없었다면 그의 행동은 매우 훌륭한 것이다.
_『법구경』 제68송

부처님!
(   )가 여러 사람의 축복 속에서 태어난 지
만 1년이 되었습니다.
건강하게 잘 자라도록 가피를 내려 주신
부처님 은혜에 엎드려 절합니다.

모든 생명의 자애로운 보호자이신 부처님!
(   )가 앞으로도 건강하게 자랄 수 있도록
굽어살피시어 앞길을 환히 밝혀 주소서.

하늘 위와 하늘 아래에 가장 높으신 부처님!
오늘 기도 올린 공덕으로 (   )가 자라며

삼보를 믿는 마음 더욱 두터워지고
부처님 가르침을 실천하는 참된 불자 되게 하소서.
앞으로도 건강하고 씩씩하게 자라나 마음속 착한
일들을 모두 이루고, 부처님 은혜에 보답하는
보람찬 삶 열어가게 하소서.
거룩한 부처님께 귀의하며 지극한 마음으로
발원합니다.

나무 석가모니불
나무 석가모니불
나무 시아본사 석가모니불.

특별한 날의 기도

생일을 축하하며

어리석은 자는 설사 지혜로운 사람과 한평생을 살아도
담마를 깨닫지 못한다. 마치 국자가 국 맛을 모르듯이.
_『법구경』 제64송

모든 생명의 어버이신 부처님,
부처님 지혜의 밝은 빛이 온 누리를 두루 비추사
그 따스한 햇살 속에서 복된 삶 누리고 있습니다.
오늘 (   )의 생일을 맞이하여
삼보에 공양하고 지극한 정성으로 발원합니다.

자비로우신 부처님!
굽어살피시어 (   )의 앞길을
환히 밝혀 주소서.
오늘을 기해 삼보를 믿는 마음 더욱 두터워지고
정법의 등불 밝히는 진리의 수호자와 실천자가
되게 하소서.

이 자리에 모인 모두가 기쁨의 발원 올리니
마음속 착한 일들이 모두 이루어져 은혜에
보답하는 보람찬 삶 열어가게 하소서.
거룩한 부처님께 귀의하며 지극한 마음으로
발원합니다.

나무 석가모니불
나무 석가모니불
나무 시아본사 석가모니불.

특별한 날의 기도

초등학교 입학을 축하하며

🌱

지혜 있는 사람은 마땅히 다른 사람을 훈계하고 충고하여 그가 잘못을
저지르지 않도록 미리 막아야 한다. 그렇더라도 착한 사람은 그것을
진심으로 받아들일 것이지만 악한 자는 싫어하리라.
_『법구경』 제77송

부처님!
오늘은 (   )가
초등학교에 입학하는 날입니다.
초등학교에 들어감은 정규 교육을
받기 시작함을 의미합니다.

오늘이 있기까지 (   )가 받은
은혜는 이루 말할 수 없습니다.
잘 태어날 수 있게 도와준 산부인과 의사 선생님과
간호사 선생님, 건강을 위해 애써 준 소아과 선생님,
잘 놀아 주고 보살펴 준 어린이집 선생님과
유치원 선생님, 친구가 되어 준 아이들,

그 외에 함께 살고 있는 모든 사람과 자연과
환경이 오늘을 있게 해준 은인입니다.
(   )와 함께하는 모든 인연에 감사합니다.

부처님, 감사합니다!
이제 (   )가 초등학교에 입학해
세상의 고마움을 배우고, 고마운 세상에
보답하는 사람으로 커 나가길 기원합니다.
선생님을 공경하고, 친구들과 원만하게 지내며,
즐겁고 행복한 학교생활을 해 나가길 기원합니다.
거룩하신 부처님께 지극히 감사하는 마음으로
두 손 모아 발원합니다.

나무 석가모니불
나무 석가모니불
나무 시아본사 석가모니불.

초등학교 졸업을 축하하며

🌾

자기의 잘못을 경책하는 지혜로운 사람을 따르라. 마치 땅속에 묻힌
보물을 캐러갈 때 안내를 받듯이 지혜로운 사람의 지도를 받으면
그는 항상 발전할 뿐 결코 후퇴하지 않으리라.

_『법구경』 제76송

부처님!
오늘은 (   )가
초등학교를 졸업하는 날입니다.
중요한 첫 번째 정규 교육을 마치는 날,
온 마음으로 (   )의 졸업을 축복합니다.

오늘날까지 보살펴 주신 불보살님 감사합니다.
잘 지도해 준 선생님들, 6년간 동고동락한 친구들,
학교 관계자, 좋은 음식 재료를 제공해 준 농부들,
훌륭한 음식으로 체력을 돌봐 준 급식업체,
(   )의 오늘을 만들어 준
모든 분께 감사하는 마음으로 발원합니다.

이제 (   )는 상급학교에 진학하여
학업을 계속해 나갈 것입니다.
열심히 공부할 수 있도록 가피를 내려 주소서.
학업에 충실하되 베풂과 봉사에도
으뜸이 되게 하소서.
취미활동도 하면서 인생을 즐기는 법을
배우게 하소서.
인생의 의미를 생각하고 생활 속에서
시(詩)를 느끼게 하소서.
자연을 즐기고 그 속에서 아름다움을
느끼게 하소서.
불우한 친구들의 아픔을 함께하게 하소서.
그리하여 인류의 미래에 진정 큰 도움이 되는
기둥이 되게 하소서.

다시 한번 오늘의 발원을 허락하신 부처님께
엎드려 감사드립니다.

나무 석가모니불
나무 석가모니불
나무 시아본사 석가모니불.

중학교 입학을 축하하며

나쁜 친구와 사귀지 말고 비열한 자와도 사귀지 말라.
좋은 친구를 사귀고 덕 높은 성자와 함께하라.
_『법구경』 제78송

거룩하신 부처님께 귀의합니다.
거룩하신 가르침에 귀의합니다.
부처님의 가르침을 지키고 전하는
승가에 귀의합니다.

부처님!
오늘은 (   )가
중학교에 입학하는 날입니다.
이렇게 성장할 수 있게 도와주신 부처님과 보살님들,
함께해 준 세상의 모든 사람, 자연, 환경, 조건에
감사합니다.
앞으로도 (   )가 부처님의 가르침에 따라

바르게 성장할 수 있도록 부처님 전에
경건한 마음으로 발원합니다.

남 위에 군림하는 것을 배우지 말고
더불어 사는 법을 배우게 하소서.
학업에 충실하되 베풂과 봉사에도
으뜸이 되게 하소서.
공부만이 아니라 다양한 취미활동을
즐기게 하소서.
자신의 적성을 정확히 파악하고
자신만의 길을 찾도록 하소서.
부처님 가르침을 만나서
안정된 마음을 갖는 법을 배우게 하소서.
명상하는 습관을 가져서 서두르지 않고
매사 차분할 수 있게 하소서.
몸과 마음이 함께 건강하여
바른길을 끈기 있게 걸어갈 수 있게 하소서.
부족한 점을 솔직하게 인정하고
자신보다 나은 친구를 질투하지 않고
그 친구를 위해 진심으로 손뼉 칠 수 있게 하소서.

지혜와 복덕을 함께 갖추신 부처님!

　　　　　　　　　　특별한 날의 기도

앞으로 (   )가 3년간 중학교 생활을 통해서
성실함과 자비심과 봉사 정신이 몸에 밸 수 있도록
가피를 내려 주소서.

나무 석가모니불
나무 석가모니불
나무 시아본사 석가모니불.

중학교 졸업을 축하하며

🌿

어리석은 수행자는 지나치게 칭찬받기를 원하고 다른 수행자들의
위에 서려 하며 권위를 내세우고 관계 없는 사람들에게까지
존경받으려 한다.

_『법구경』제73송

부처님!
오늘은 (   )가
중학교를 졸업하는 날입니다.
여러 가지 어려움을 딛고
무탈하게 이날을 맞이한 데는
불보살님의 각별한 보살핌이 있었습니다.
부처님의 은혜에 두 손 모아
깊은 감사의 예경 올립니다.

이제 (   )는 상급학교인
고등학교에 진학합니다.
일생에서 가장 치열하게 공부해야 하는 시기를

건너며 그 어느 때보다 몸과 마음이 힘든 나날을
견뎌야 할지도 모릅니다.
이 어려운 시기를 앞두고 더욱 간절하게
기원합니다.

(   )가 몸과 마음이 건강하여
공부할 수 있는 충분한 체력을 갖게 하소서.
치열한 경쟁에 매몰되지 않고 성적에만 너무
집착하지 않게 하소서.
자기 것만 챙기는 이기적인 마음 버리고
남을 먼저 챙기는 넓은 마음 갖게 하소서.
공부에만 집착하여 다른 일에 아둔한
바보가 되지 않게 하소서.
자연의 아름다움을 느끼고 즐길 수 있는
여유와 낭만을 갖게 하소서.
항상 책을 가까이하여 견문을 넓히고
자기 자신과 세상을 알게 하소서.
불의를 보면 지혜롭고 정당하게 맞설 수 있는
용기를 갖게 하소서.
자신의 적성을 분명하게 알고, 길을 찾은 후에는
물러섬 없는 자세로 도전하게 하소서.
그리하여 집에서는 다정한 가족이 되고

사회에서는 크나큰 기둥이 되게 하소서.
다시 한번 오늘의 발원을 허락하신 부처님께
엎드려 감사드립니다.

나무 석가모니불
나무 석가모니불
나무 시아본사 석가모니불.

특별한 날의 기도

고등학교 입학을 축하하며

거룩하신 부처님!
오늘은 (   )가
고등학교에 입학하는 날입니다.
오늘이 있기까지 지극한 가피를 내려 주신
불보살님께 엎드려 감사의 예경 올립니다.

우리나라 청소년들은 고등학교 3년 동안
일생에서 가장 힘든 시기를 보냅니다.
대학교 진학과 사회 진출을 앞두고 서로
치열한 경쟁을 벌이기 때문입니다.
또한 성인이 되기 위해 정신적·신체적으로
큰 변화를 겪는 시기이기도 합니다.

이 힘든 시기를 (   )가 건강하고 용감하게
극복하기를 바라며 부처님께 간절한 마음으로
발원합니다.

(   )가 정신적·신체적 변화에 슬기롭게
적응하고 대처해 어엿한 성인이 되게 하소서.
바른 태도로 공부하고 운동하여 건강한 몸과
마음을 가꾸어 나가게 하소서.
지나친 경쟁심을 갖지 않고 오직 정당한
방법으로만 경쟁할 수 있게 하소서.
주위에 어려운 친구를 지나치지 않고
도울 수 있는 용기와 지혜를 갖게 하소서.
부처님 가르침을 배우고 명상하는 습관을 길러서
진정 자신에게 맞는 길을 찾게 하소서.
길을 찾은 후에는 도전하고 모험하는 자세로
매진하며, 성실함이 성공의 길이요 그 자체로
이미 성공임을 알게 하소서.
독서와 여행을 통해 두루 세상을 배우고
견문을 넓히게 하소서.

부처님!
(   )가 함께하는 모든 이들과 더불어

특별한 날의 기도

바른길을 갈 수 있도록 가피를 내려 주소서.

나무 석가모니불
나무 석가모니불
나무 시아본사 석가모니불.

고등학교 졸업을 축하하며

숙련되지 못한 기능과 지식은 어리석은 자를 도리어 해치나니
그는 자기의 능력으로써 스스로 복과 지혜를 파괴할 뿐이다.
_『법구경』제72송

부처님!
오늘은 (   )가
고등학교를 졸업하는 날입니다.
성인이 되기 전 받아야 할 교육 과정을 무사히
잘 마칠 수 있게 가피를 내려 주신 불보살님께
진심으로 감사드립니다.
부처님과 부처님의 가르침과 승가에 귀의하며,
이제 성인의 길에 들어서는 (   )를 위해
지극한 마음으로 발원합니다.

(   )가 항상 예의 바른 사람이 되게 하소서.
인사를 받으려 하기보다 먼저 인사하는

겸손한 사람이 되게 하소서.

상대의 좋은 점을 찾아 항상 칭찬하게 하소서.

남이 자신에게 베풀기를 바라지 말고 자신이 먼저
베푸는 넉넉한 사람이 되게 하소서.

잘못한 일이 있으면 "미안합니다" 하고 진심으로
사과할 줄 아는 사람이 되게 하소서.

잘하는 사람이나 잘되는 사람이 있으면 질투하지
말고 진심으로 함께 기뻐하게 하소서.

자기만 잘살려고 하지 않고 더불어 잘살기 위해
노력하는 사람이 되게 하소서.

항상 부처님의 가르침을 배우고 명상하는 습관을
갖게 하소서.

일평생 모험하고 도전하는 삶을 살았던 부처님처럼
어떤 일을 하든 모험하고 도전하는 진취적인 자세를
잃지 않게 하소서.

그리하여 (   )가 가정에서 화목하게 지내고
학교나 직장에서 원만한 인간관계 유지하며
사회와 인류의 어엿한 일꾼으로 자라기를 기원합니다.

나무 석가모니불

나무 석가모니불

나무 시아본사 석가모니불.

성년이 되었음을 축하하며

욕설을 말고 살생도 말라. 계율을 잘 지켜 스스로 절제하라.
함부로 먹지 말고 고요한 곳에 머물며 깊은 선정에 마음을 바쳐라.
이것이 모든 부처님의 가르침이다.

_『법구경』 제185송

부처님과 부처님의 가르침과 승가에 귀의합니다.

부처님!
오늘은 (   )가
만 19세 성년이 되는 날입니다.
이 중요한 시기까지 무사히 성장할 수 있도록
가피를 내려 주신 불보살님께 감사드립니다.
이제 성인의 길에 들어서는 (   )를 위해
지극한 마음으로 발원합니다.

(   )가 항상 예의 바른 사람이 되게 하소서.
인사를 받으려 하기보다 먼저 인사하는

겸손한 사람이 되게 하소서.

상대의 좋은 점을 찾아 항상 칭찬하게 하소서.

남이 자신에게 베풀기를 바라지 말고 자신이 먼저
베푸는 넉넉한 사람이 되게 하소서.

잘못한 일이 있으면 "미안합니다" 하고 진심으로
사과할 줄 아는 사람이 되게 하소서.

잘하는 사람이나 잘되는 사람이 있으면 질투하지
말고 진심으로 함께 기뻐하게 하소서.

자기만 잘살려고 하지 않고 더불어 잘살기 위해
노력하는 사람이 되게 하소서.

큰 복을 받거나 공덕을 지으면 그 복덕을 널리
회향하게 하소서.

항상 부처님의 가르침을 배우고 명상하는 습관을
갖게 하소서.

일평생 모험하고 도전하는 삶을 살았던 부처님처럼
어떤 일을 하든 모험하고 도전하는 진취적인 자세를
잃지 않게 하소서.

매사 사려 깊고 신중하게 말과 행동을 하며
자기 말과 행동에 책임지는 사람이 되게 하소서.

소신 있게 자기만의 삶을 살되 주변의 소리를
귀담아들으며, 잠시 길을 잃고 헤매더라도
좌절하지 않고 다시 시작할 수 있는 용기를 주소서.

그리하여 (   )가 가정에서 화목하게 지내고
학교나 직장에서 원만한 인간관계 유지하며
사회와 인류의 어엿한 일꾼으로 자라기를 기원합니다.

나무 석가모니불
나무 석가모니불
나무 시아본사 석가모니불.

특별한 날의 기도

대학교 입시를 준비하는
사람을 위하여

🌱

농부는 물길을 내어 물을 대고 화살 깃 대는 사람은 굽은 화살을
바르게 펴며 목수는 나무를 다루어 수레바퀴를 만들고
지혜로운 사람은 자기 마음을 다스린다.
_『법구경』제80송

인류 역사상 가장 지혜롭고 현명하신 부처님!
부처님의 사랑 앞에 두 손 모아 간절히 기도합니다.

올해 (   )가
대학교 입시에 임하게 되었습니다.
오늘에 이르는 동안 부처님의 지극하신 보살핌과
은덕에 감사드립니다.

바라옵건대 (   )가 부처님의 지혜광명에 힘입어
노력한 만큼 성적을 거두어 원하는 대학교에
진학할 수 있게 하소서.
그곳에서 더욱 정진하여 사회와 세계를 밝게

빛낼 수 있는 지혜로운 사람이 되고
온 세상에 헌신함으로써 거룩한 공덕으로
회향케 하소서.

자비로우신 부처님!
오늘 이 발원이 부처님의 크신 사랑 속에서
반드시 성취되리라 믿으며 굳게 서원합니다.
(   )가 충실히 대학교 입시를 준비할 수 있도록
최선을 다해 돕겠습니다.
(   )가 건강한 몸과 마음으로 자신의 실력을
충분히 발휘할 수 있도록 용기와 힘과 지혜를
불어넣어 주소서.
오늘 기도한 공덕이 온 인류의 행복과 함께하기를
두 손 모아 기원합니다.

나무 석가모니불
나무 석가모니불
나무 시아본사 석가모니불.

대학교 입학을 축하하며

✽

악행의 과보가 즉시 나타나지 않는 것은 금방 짜낸 우유가 즉시 엉기지
않는 것과 같다. 그러나 시간이 지남에 따라 그것은 어리석은 자를
따라온다, 마치 잿속에 묻혀 있었던 숯불처럼.

_『법구경』 제71송

부처님!

오늘 (   )가 (   )대학교

(   )학과에 입학하게 되었습니다.

어려운 시기를 잘 견디고 대학교에 진학하기까지

보살펴 주신 불보살님의 가피에 두 손 모아

감사의 예경 올립니다.

오늘이 있기까지 많은 사람과 자연과 환경의

은덕이 있었습니다.

그 모든 은인께 감사의 예배 올립니다.

자비로우신 부처님!

부처님과 부처님의 가르침과 승가에 귀의하며

지극한 마음으로 발원합니다.

(   )가 교수, 선배, 동기, 후배에게 항상
예의 바른 학생이 되게 하소서.
칭찬받기를 바라지 말고 먼저 칭찬해 주는
사람이 되게 하소서.
어려운 친구나 사람을 만나면 먼저 베푸는
넉넉함을 갖게 하소서.
잘못한 일이 있으면 "미안합니다" 하고 먼저
사과하는 용기를 갖게 하소서.
주변에 뛰어난 친구를 보면 질투하지 말고
진심으로 함께 기뻐하게 하소서.
혼자서만 잘살려고 하지 않고 더불어 잘사는
방법을 간절히 구하도록 하소서.
진정한 성공이란 원하는 일을 하는 것임을 알고
그 길을 찾아 매진하게 하소서.
불의를 보면 그냥 넘기지 않고 정의를 위해 싸우는
심지 굳은 사람이 되게 하소서.
폭넓게 책을 읽어서 풍부한 교양인이 되게 하소서.
여행을 자주 하여 견문을 넓히게 하소서.
바쁜 나날 속에도 주변 사람을 사랑하고 아끼고
배려하게 하소서.

특별한 날의 기도

자연의 아름다움을 만나고 일과 여가에서
행복을 찾게 하소서.
충분히 공부하여 사회와 인류를 위해
봉사하게 하소서.
모든 일을 부처님의 가르침에 의지하여 판단하고
그에 따라 몸과 마음을 닦게 하소서.

부처님!
(   )가 함께하는 모든 이들과 더불어
바른길을 갈 수 있도록 가피를 내려 주소서.

나무 석가모니불
나무 석가모니불
나무 시아본사 석가모니불.

대학교 졸업을 축하하며

설사 어리석은 자가 굉장한 고행을 하면서 풀잎 끝에 닿을 정도의
음식만 먹고 한 달 또 한 달을 살아간다고 해도 그것은 사성제를 깨달은
사람의 십육 분의 일의 가치도 되지 못한다.
_『법구경』 제70송

부처님과 부처님의 가르침과 승가에 귀의하며
부처님 전에 맑은 향 올리며 발원합니다.

부처님!
오늘은 (   )가 대학교를 졸업하는 날입니다.
불보살님의 지극한 가피와 4년간의 대학생활 동안
함께해 준 모든 인연에 감사의 예배를 올리며
이제 사회인으로 첫발을 내디딜 (   )를 위해
지극한 마음으로 발원합니다.

자비로우신 부처님!
(   )가 어엿한 성인이자 사회인이 되어

특별한 날의 기도

자기만의 삶을 살아가게 하소서.
자기 스스로와 남에게 부끄럽지 않은 삶을
살아가게 하소서.
모든 생명을 보살피고 사랑하게 하소서.
만나는 모든 이들을 진심으로 대하고
그들에게 마음을 열게 하소서.
도움이 필요한 이에게 아낌없이 보시하게 하소서.
주변 사람에게 좋은 일이 생기면 내 일처럼
진심으로 기뻐하게 하소서.
남을 가르치려 하기보다 남의 말에
귀 기울이게 하소서.
매 순간 몸과 마음을 알아차리게 하소서.
늘 마음이 고요하게 머물며 어디서 무엇을 하든
낮고 겸손한 자세로 임하게 하소서.
세상 모든 이를 섬기는 마음으로 살아가게 하소서.
진정한 성공은 원하는 일을 하는 것임을 알고
자신에게 맞는 일을 찾아 매진하게 하소서.
불의를 보고 비겁하게 물러서지 않고
정의를 위해 용감하게 싸우게 하소서.
자신의 공덕을 이웃과 인류와 온 우주의 모든
생명과 더불어 잘살기 위해 회향케 하소서.

(   )가 무사히 대학교를 졸업할 수 있도록
보살펴 주신 불보살님께 다시 한번 감사드립니다.
(   )와 함께한 모든 분의 건강과 행복을
기원합니다.

나무 석가모니불
나무 석가모니불
나무 시아본사 석가모니불.

입대하는 사람을 위하여

성스러운 부처님의 가르침을 모르고 백 년을 사는 것보다 부처님의
위없는 성스러운 가르침을 알고 단 하루를 사는 것이 훨씬 낫다.
_『법구경』 제115송

세상의 모든 일을 속속들이 아시는 부처님!
오늘은 (   )가 신성한 국방의 의무를
다하기 위해 군대에 가는 날입니다.
남북으로 분단되어 군사적으로 서로 대치하고 있는
우리나라에서는 국방의 의무가 여전히 중시되고
있습니다.

나와 남을 구별하고, 내 것을 챙기는 전도된 생각을
떠나지 못하고, 인류가 서로 나뉘어 다투고 있음을
가슴 깊이 참회합니다.
부처님의 위대한 가르침을 통해 전 인류가
서로 돕고 화합하게 되기를 간절히 소망합니다.

우리나라 불교계에서는 예로부터 자비심을
바탕으로 나라를 지키는 일에 참여하는 것을
보살행의 실천으로 여겨왔습니다.
그러나 막상 군대에 가면 본의 아니게
살의와 적의를 배우기 십상입니다.
부디 (   )가 군대에 가서도 자비심을 잃지 않고
보살행을 실천하는 군인이 되기를 기원합니다.

군대라는 공동체를 통해 다른 사람과
화합하는 법을 배우기를 기원합니다.
군대라는 공동체를 통해 다른 사람과
소통하는 법을 배우기를 기원합니다.
군대라는 공동체를 통해 윗사람은 존중하고
아랫사람은 따뜻하게 대하는 법을 배우기를
기원합니다.
군대라는 공동체를 통해 몸과 말과 마음으로
악업 짓지 않는 법을 터득하기를 기원합니다.
군대라는 공동체를 통해 몸과 말과 마음으로
선업 짓는 법을 터득하기를 기원합니다.

부처님!
(   )가 제대하는 날까지 건강하고 밝고 맑은

　　　　　　　　특별한 날의 기도

몸과 마음을 유지하기를 간절하게 기도합니다.
나아가 전 세계에 전쟁이 없어져 군대가 필요 없는
세상이 되게 하시고, 혹 필요하다면 전쟁을 위함이
아니라 중생들을 보호하기 위해 존재하게 하소서.

나무 석가모니불
나무 석가모니불
나무 시아본사 석가모니불.

취업을 준비하는 사람을 위하여

어서 와서 이 세상을 보라. 마음이란 장식된 왕실의 수레와 같은 것.
어리석은 자들은 그 속에서 몸부림친다. 그러나 지혜로운 사람들은
그것에 집착하지 않는다.

_『법구경』제171송

대자대비 부처님!
부처님은 무량대자비 광명으로
온 누리 중생을 비춰 주고 계십니다.
부처님의 자비광명 앞에 엎드려 예배하며
절절한 소망을 발원합니다.

이번에 (   )가 대학교를 졸업하고
사회에 진출하게 되었습니다.
불보살님께 간절히 기도를 드리니
(   )가 알맞은 직장과 일을 찾을 수 있게
가피를 내려 주소서.

특별한 날의 기도

지혜와 복덕 구족하신 부처님!

부디 (　　　)가 자신이 가진 능력을

온전히 활용할 수 있고, 합리적으로 운영되며

세상을 이롭게 하는 직장에 들어가게 해주소서.

직장에 들어가서는 항상 솔선수범하고 맡은 바

임무에 충실하여 동료들과 원만한 관계를 유지하는

현명한 직장인이 되게 하소서.

또한 어려운 일이 있을 때 오히려 힘을 낼 줄 아는

지혜를 발휘하게 하소서.

잘된다고 교만하지 않고 안 된다고 쉽게

포기하지 않는 근성을 기르게 하소서.

자신보다 못하는 사람이라고 깔보지 않고

자신보다 잘하는 사람 앞에서 비굴하지 않게 하소서.

부족함을 인정하고 항상 배우는 자세로 임하며

칭송을 받을 때 오히려 겸손하게 자기 자신을

돌아보게 하소서.

눈앞에 보이는 돈과 명예와 명성을 좇기보다

스스로 의미 있고 보람차고 즐거운 일을 하면서

항상 몸과 마음을 먼저 돌보게 하소서.

거룩하신 부처님!

(　　　)가 부처님 가르침에 따라 계를 지키고

마음을 고요하게 하고, 지혜를 가꾸어 나가도록
힘과 지혜와 용기를 주소서.

나무 석가모니불
나무 석가모니불
나무 시아본사 석가모니불.

특별한 날의 기도

시험을 준비하는 사람을 위하여

🌾
자기의 행복을 추구하면서 행복을 추구하는 다른 사람에게
피해를 준다면 그는 다음 생에서도 행복을 찾지 못하리.
_『법구경』 제131송

모든 중생을 평등하게 두루 살피시는 부처님!
자비의 문을 열고 저희의 기원을 들어주소서.

오늘 (   )의 (   ) 시험 합격을 기원하며
마음을 모읍니다.
진실한 지혜와 유용한 방편을 구하기 위해
보살의 구도 정신을 본받아 학업에 열중하고 있는
이에게 크나큰 가피를 내려 주소서.

게으름이 피어날 때마다 물러섬 없는 정진력을
주시고, 어리석음이 일어날 때마다 지혜를
불어넣어 주시고, 탐욕이 일어날 때마다 비움의

위대한 힘을 일깨워 주시고, 분노가 일어날 때마다
고요한 선정의 힘을 북돋아 주소서.

오늘 이렇게 마음 모으는 청정한 믿음의 발원이
성취의 씨앗이 되어 (   )의 능력이 꽃으로
피어나 튼실한 열매를 맺게 하소서.
거룩하신 부처님께 귀의하며 지극한 마음으로
발원합니다.

나무 석가모니불
나무 석가모니불
나무 시아본사 석가모니불.

특별한 날의 기도

새 직장에 출근하는 사람을 위하여

크든 작든 간에 다른 이의 이익을 위한답시고 자기의 참다운 이익을
소홀히 말라. 자기의 참다운 이익이 무엇인지 분명히 알았으면 최선의
노력으로써 그것을 성취하라.

_『법구경』 제166송

부처님!
오늘은 (   )가 새 직장에
첫 출근을 하는 날입니다.
오랜 기다림과 노력 끝에 꼭 맞는 일터를
찾게 해주신 불보살님께 감사드립니다.
부처님과 부처님의 가르침과 승가에 귀의하며
신심을 다해 지극한 마음으로 발원합니다.

자비로우신 부처님!
(   )가 언제나 겸손하고 노력하는
자세로 살아가게 하소서.
새 직장에서 새로운 사람들과 원만한 인간관계를

맺으며 성실히 일하게 하소서.
상사를 공경하고 아래 직원을 섬기는
겸손한 마음으로 함께하게 하소서.
일한 만큼 능력을 인정받고 성과를 거두며
그 이상 바라지 않게 하소서.
설령 능력과 성과를 인정받지 못하더라도
포기하지 않고 끈기 있게 도전하게 하소서.
성공과 인정에 목매달기보다 노력했다는 사실
그 자체에 만족하게 하소서.

부처님!
(   )의 새로운 직장생활이
가정에 넉넉함을 주고 사회에 이바지하는
보살행으로 이어지기를 발원합니다.
부디 이 발원이 반드시 이루어지도록
가피를 내려 주시기를 기원합니다.

나무 석가모니불
나무 석가모니불
나무 시아본사 석가모니불.

새 일을 시작하는 사람을 위하여

정원사가 꽃밭에서 꽃을 주워 꽃 둘레를 만들듯 사람은
태어나 죽을 때까지 착한 행위를 많이 해야만 한다.
_『법구경』 제53송

온 세상 모든 생명을 평화와 행복과 기쁨으로
인도하시는 부처님!
오늘에 이르는 동안 무한한 가피와 보살핌으로
한 걸음 더 성장할 수 있게 해주신 부처님 은덕에
엎드려 감사드립니다.
이 땅 위에 부처님 은혜 미치지 않은 곳 없음을
깊이 실감하면서 한마음으로 기원합니다.

이번에 (   )가 (   )에서
새롭게 일하게 되었습니다.
항상 심신이 건강하고 맡은 바 임무에 충실하여
하는 일마다 형통하고 노력한 만큼 성과를 거두어

사회에 꼭 필요한 역할을 할 수 있도록
힘을 불어넣어 주소서.
아울러 함께하는 모든 이들도 뜻하는 대로
원만하게 성취하게 하소서.

자비로우신 부처님!
(   )와 함께하는 모든 사람이 나날이 정진하여
사업을 번창하게 하고, 가정을 평안하게 가꾸고,
이를 통해 사회에 기여하고 인류에 봉사하도록
지혜와 자비를 베풀어 주소서.
그 성과를 불국토를 가꾸는 거룩한 공덕으로
회향하게 하소서.

나무 석가모니불
나무 석가모니불
나무 시아본사 석가모니불.

특별한 날의 기도

결혼을 축하하며

만일 자신을 고요하게 지킬 수 있다면 마치 깨어진 징이
소리를 내지 못하듯 그는 마침내 열반을 깨닫게 되고
사나움도 없어지리라.
_『법구경』 제134송

지혜롭고 자비로우신 부처님!
부처님의 은덕으로 아름다운 두 사람이 만나
오늘 사랑의 약속을 맺습니다.
이 자리에 오기까지 부처님께서 베푸신 은덕에
엎드려 감사드리며 환희로운 마음으로 기도합니다.

두 사람이 만나기까지 정말 많은
인연의 공덕이 있었습니다.
양가 부모님의 지극한 정성, 여러 학교에서
스승님의 가르침, 형제자매와 일가친척과
친구들과의 아름다운 인연이 아니었다면
이토록 훌륭한 만남은 없었을 것입니다.

부처님의 가르침 속에 맺어진 이 훌륭한
인연 공덕에 깊이 감사드립니다.

이 아름다운 인연 공덕에 힘입어 두 사람은
단란한 가정을 꾸리고자 합니다.
무릇 단란한 가정은 서로를 이해하고 배려하는
마음에서 비롯됨을 두 사람이 알게 하소서.
해야 할 바를 성실히 하면서도 자신을 내세우지
않고 서로에게 감사하게 하소서.
모든 사람이 연결되어 있음을 알고 서로 이해하고
도우면서 원만한 부부 관계를 유지하게 하소서.
부처님이 승가의 화합을 강조하셨듯 가정의 화목을
중시하면서 지혜와 복덕 쌓게 하소서.
내 가정이 행복하려면 이웃이 행복해야 함을 알고
주변에 어려운 이를 보면 정성껏 보살피게 하소서.
낳고 길러 준 부모님의 은혜를 잠시도 잊지 않고
기쁠 때나 슬플 때나 자식의 도리를 다하게 하소서.

대자대비 부처님!
부디 오늘 새로이 탄생하는 이 가정에 온갖 경사가
이어지고, 두 사람의 행복과 가정의 평화가 사회와
나라와 인류의 평화로 이어지게 하소서.

특별한 날의 기도

부처님의 다함 없는 자비광명 앞에
거듭 머리 숙여 예경합니다.
오늘의 좋은 인연이 모든 중생의 경사가 되어
온 세상이 부처님 나라가 되게 하소서.

나무 석가모니불
나무 석가모니불
나무 시아본사 석가모니불.

이사를 축하하며

어리석은 자가 악행을 저지를 때 그는 그것이 악행임을 모른다.
그러나 그가 범한 악행의 고통은 몸을 불에 태우는 것과 같으리.
_『법구경』 제136송

모든 중생의 등불이신 부처님!
거룩하신 부처님과 위없는 가르침과
청정한 승가에 귀의합니다.
오늘에 이르기까지 부처님의 지극한 은덕에 힘입어
행복하게 살았습니다.
엎드려 예배하며 지극한 감사의 예경 올립니다.

오늘 (   )가 (   )에
새로운 보금자리를 마련했습니다.
이곳에서 평안한 가운데 삼보에 대한 믿음을
굳건히 하고, 이웃에게 부처님 가르침을 전하고
어려운 이웃을 돕는 보살행을 실천하게 하소서.

바른길을 인도하여 생활이 안정되고
사회에 봉사할 수 있게 하시고
자녀들 또한 원만하게 성장하여
인류의 미래에 이바지하게 하소서.
오늘 이 자리에 새로운 삶의 터전을 마련하며
간절한 마음으로 기도합니다.

나무 석가모니불
나무 석가모니불
나무 시아본사 석가모니불.

새 차를 마련하며

자기를 이기는 것이 다른 사람을 이기는 것보다 진정 나은 것.
그러므로 자기를 잘 다스려라. 마침내 모든 행동에 자재함을 얻으리니.
_『법구경』 제104송

모든 중생의 등불이신 부처님!
거룩하신 부처님과 위없는 가르침과
청정한 승가에 귀의합니다.

오늘 새 차량을 마련했습니다.
먼 길도 쉽게 갈 수 있는 자동차를 보면서
맨발로 어려운 중생들을 찾아다니셨던
부처님을 생각합니다.
부처님은 중생의 아픔을 몸소 느끼기 위해
어려운 발걸음을 마다하지 않으셨습니다.
오직 편리함만을 추구하는 중생의 마음을
깊이 참회합니다.

특별한 날의 기도

아울러 변화하는 시대에 발맞춰 자동차를 운행함이
불가피함을 말씀드리며 경건한 마음으로
두 손 모아 발원합니다.

이 편리한 문명의 이기를 사용할 수 있음에
감사합니다.
그러나 이 편리함을 얻기 위해 많은 것들이
희생되었음을 깊이 자각하고 되도록 적게
사용하겠습니다.
남에게 피해를 주지 않도록 각별히 조심하면서
안전하게 이용하고, 가족의 생업과 여가생활을
위해서만 이용하고 다른 삿된 일을 위해서는
이용하지 않겠습니다.

부처님!
부디 이 차량이 항상 안전하게 운행되어
저희의 행복과 낭만과 여유를 위해 기여하고
신행 생활에도 이바지하기를 기원합니다.
나아가 이웃에게 부처님의 가르침을 전하고
어려운 이웃을 돕는 보살행을 실천하는
훌륭한 도구가 되게 하소서.
항상 불보살님의 가피가 함께하여 저희 가족과

이웃 모두가 더불어 행복하게 하소서.

나무 석가모니불
나무 석가모니불
나무 시아본사 석가모니불.

특별한 날의 기도

은퇴하는 사람을 위하여

🌾

오온(五蘊)에서 일어나고 사라지는 현상을 모르고 백 년을 사는 것보다는
오온에서 일어나고 사라지는 현상을 깨닫고 단 하루를 사는 게 훨씬 낫다.
_『법구경』제113송

세상의 모든 일을 속속들이 아시는 부처님!
오늘은 (   )가 오랫동안 하던 일을 마치는
날입니다.

(   )는 직장생활에 청춘을 다 바쳤습니다.
그 힘으로 가정을 꾸리고, 자녀를 어엿하게 기르고,
스스로의 행복을 일구었습니다.
한결같이 성실하게 일한다는 것이 쉽지 않았음에도
성실과 끈기로 어려움을 극복했습니다.

(   )가 좋은 추억은 오래도록 간직하되
좋지 않은 기억은 하나도 남김없이 내려놓고

새롭게 출발하기를 기원합니다.
남은 나날은 바쁜 생활로 인해 소홀히 했던
부처님 가르침을 공부하는 소중한 기회로
삼기를 희망합니다.

바른 견해로 늘 바르게 행동하여
언제 어디서나 떳떳하게 살아가게 하소서.
욕망에 사로잡히거나 분노하지 않고
언제나 고요한 마음을 유지하게 하소서.
경전을 읽고 알아차림을 충실히 하여
내면의 지혜를 닦게 하소서.
그리하여 (   )의 삶이 가족과 사회,
나라는 물론 전 인류와 지구촌 모든 생명의
안락과 행복을 위해 기여하기를 기원합니다.

나무 석가모니불
나무 석가모니불
나무 시아본사 석가모니불.

공부를 회향하며

하늘 위도 아니요, 바닷속도 아니며, 산속의 동굴도 아니요,
그 어느 곳도 아니다. 죽음을 피하고 다스릴 곳은 이 세상
그 어디에도 없다.
_『법구경』제128송

그동안 성심껏 해온 (   ) 공부를 마칩니다.
오늘을 기해 만인의 스승이신 부처님께
한 걸음 더 다가갈 수 있기를 기원합니다.
이 공부를 통해 지은 모든 공덕을 이웃과 사회에
회향할 것을 발원합니다.

나무 석가모니불
나무 석가모니불
나무 시아본사 석가모니불.

회갑(칠순, 팔순)을 축하하며

바다 같은 큰 자비방편으로
세간의 복밭이 되어 주시는 부처님!
오늘은 기쁜 날, (   )가 세상에 온 지
(   )년이 되는 날입니다.
작고 귀여운 아기에서 명랑한 어린 시절을 거쳐
성인이 되고 남편과 아버지가 되어
한평생 아름답게 살아왔습니다.
그 눈부신 시간을 기념하며 이 자리에 모였습니다.

누구나 그렇듯 (   )의 삶 또한
평탄하지만은 않았습니다.
삶의 온갖 풍파 속에서 때로는 버티듯

살아온 세월도 있었습니다.
하지만 그때마다 부처님의 가르침에 의지해
진실한 마음으로 바르게 난관을 헤쳐 왔습니다.

부처님!
(   )는 앞으로도 할 일이 많습니다.
지금처럼 건강하게 뜻깊은 일을 해나갈 수 있도록
힘과 지혜와 용기를 주소서.
스스로에게 충실하고, 사회에 봉사하며,
화합하고 번창하고 행복하게 하소서.
이 자리에 모인 모든 사람이 부처님의 크신 은혜에
감사하며 발원합니다.

나무 석가모니불
나무 석가모니불
나무 시아본사 석가모니불.

문병 기도

발가벗음도 아니요 머리를 헝클어뜨림도 아니다. 진흙으로 몸을 바름도
아니요 굶는 것도 아니며, 흙바닥에서 잠자는 것도 아니요 먼지를
뒤집어쓰는 것도 아니다. 또한 앉아서 노력만 하는 것도 아니니, 의심을
극복하지 못한 자는 남을 청정케 할 수 없다.
_『법구경』 제141송

중생의 병고를 치유하기 위해
어진 의사의 몸 나투시는 대의왕 부처님!
온 누리에 자비광명 비추시고 무한한 가피를
내려 주심에 감사드립니다.

지금 (   )가 병들어 자리에 누워 있습니다.
아픔에 시달리는 동안 자신을 돌아보면서
부처님을 공경하는 마음 더욱 간절합니다.
병은 번뇌망념이 천연본심을 흔들 때 일어나니
신심을 결정하여 안정하면 저절로 사라져 버린다고
하였습니다.
대의왕의 본원력으로 가피를 내려 주시어

특별한 날의 기도

속히 (   )가 쾌차하게 하소서.

대의왕 부처님!
(   )를 어여삐 여기사 미혹으로 인한 병의
뿌리를 제하시고, 생각 생각 간절히 부처님이
떠오르는 가운데 밝은 의사의 신묘한 처방을 만나
본래의 건강을 되찾아 속히 평안한 일상으로
돌아오게 하소서.
아픔을 떨치고 일어나 기쁨이 넘쳐흐르고
명랑한 생활인으로 나아가 가족과 사회를
맑게 울리는 목탁이 되게 하소서.
이렇게 발원한 공덕으로 법계의 모든 중생이
부처님의 대자대비 광명 속에서 생명의 실상을
증득하게 하소서.

나무 약사여래불.
나무 관세음보살.

나무 석가모니불
나무 석가모니불
나무 시아본사 석가모니불.

임종 기도

내게 아들이 있고 재산이 있다고 어리석은 자들은 집착하나니,
제 몸도 오히려 자기 것이 아니거늘 어찌 자식과 재산이 자기 것이랴?
_『법구경』제62송

자비하신 부처님!
여기 당신을 부르며 세상을 떠나는 이 있습니다.
무량한 자비의 바다이신 부처님, 임종을 맞이하는
(   )가 가는 길을 보살펴 주소서.

중생이 아픈 곳이면 어디든 강림하시는
관세음보살님, 임종을 맞이하는 (   ) 앞에
강림하소서.
연꽃 향기 앞세워 아미타 부처님께 인도하소서.

영원한 광명 아미타 부처님, (   )를
부처님의 따뜻한 손길로 맞이하여 주소서.

험하고 거친 사바세계에서 어리석은 중생이 지은
일체죄업 대자비로 용서하시고 극락의 맑은 물로
청정케 하여 주소서.

부처님의 자비로움,
사바세계 하직하는 이에게 드리워 주소서.
보살님의 자비로움,
사바세계 하직하는 이에게 드리워 주소서.
미묘한 능라의 감미로운 사랑으로 그를 안으시고
순수하고 아름다운 땅 극락정토로 인도하소서.

아미타 여래님,
위없이 높은 당신의 본원력에 의지하여 비나이다.
저희 곁을 떠나는 (   )를 받아주시어
부처님의 땅 극락정토로 인도하소서.

나무 아미타불, 극락정토에서 영원히 살게 하소서.
나무 아미타불, 아름다운 연꽃으로 살게 하소서.
나무 아미타불, 영원한 생명의 땅에서 살게 하소서.

부처님, (   )를 인도하소서.
가야 할 진정한 고향으로 인도하소서.

불국토로 인도하소서.

다냐타 옴 아리다라 사바하
다냐타 옴 아리다라 사바하
다냐타 옴 아리다라 사바하.

조문 기도

대자대비하신 극락세계 아미타 부처님!
오늘 (   ) 영가의 왕생극락을 빌고자
간곡히 발원하오니 굽어 감응하소서.

신원적(新圓寂) (   ) 영가가 생전에 못다 한
공덕이 원만해지고 생전에 지은 죄업 소멸하여
극락세계에 왕생하도록 이끌어 주소서.
이승의 못다 한 인연에 대해 미련을 가지지 않도록
보살펴 주소서.
영가가 남긴 삶의 의지를 본받아 유족들이 부처님
품을 떠나지 않고 착실한 믿음에 근거하여 생업을
가꾸어 나가게 하소서.

유족들의 슬픔을 거두시어 극락세계 아미타 부처님
곁에서 모두가 다시 만나는 법을 알도록 힘을 주소서.
이 가문이 오래오래 평안하고 후손들의 복록이
나날이 증진하여 이생에서 행복하고
내생에서 은혜 누리도록 이끌어 주소서.
오늘의 일로 모두가 인생의 무상함을 느끼고
매 순간을 소중히 여기며 성실히 살아가도록
이끌어 주소서.

나무 아미타불
나무 아미타불
나무 극락도사 아미타불.

특별한 날의 기도

3

한 해의 기도

과거를 돌아보지 말고
미래를 바라지 말라.
과거는 떠나갔고
미래는 아직 오지 않았다.
오직 현재에 충실하라.

새해를 맞이하며

❧

마음이 그들(五蘊)을 앞서가고 마음이 그들의 주인이며 마음에
의해서 모든 행위는 지어진다. 만일 어떤 사람이 나쁜 마음으로
말하고 행동하면 그에게는 반드시 고통(불만족)이 뒤따른다.
마치 수레가 황소를 뒤따르듯이.
_ 『법구경』 제1송

새해 아침,
찬란한 태양이 동쪽 하늘에서 떠오르고 있습니다.
희망찬 새해를 맞이하며 마치 부처님을 맞이하듯
환희로운 마음으로 합장 발원합니다.

대자대비 부처님!
지난 한 해 동안 더 가지려는 욕심과
지나친 감정 소모와 쓸데없는 생각으로
몸과 마음이 힘들 때가 많았습니다.
비울수록 채워지고 내려놓을수록 너그러워진다는
부처님 가르침을 알면서도 현실에 쫓겨 살다 보니
번번이 후회하는 날들이 많았습니다.

한 해 의 기 도

지혜와 복덕을 구족하신 부처님!
새해에는 달라지겠습니다.
한 걸음 더 부처님께 다가가겠습니다.
자비심으로 욕망과 분노와 미움을 이기겠습니다.
자애와 연민으로 열등감, 질투심, 집착하는 마음을
이기겠습니다.
나와 세상을 위해 세운 이 서원이
부처님 가르침에 어긋나지 않고
물러섬 없이 실천하고 성취될 수 있도록
힘과 지혜와 끈기를 주소서.
오늘 이 새해맞이 기도와 서원의 공덕이
지구촌의 모든 생명과 함께하기를 기원합니다.

나무 석가모니불
나무 석가모니불
나무 시아본사 석가모니불.

설날 차례를 지내며

부처님!
오늘은 우리 민족 최대의 명절인 설날입니다.
이 뜻깊은 날에 오늘의 저를 있게 해준 조상의
음덕을 기리기 위해 온갖 음식을 정성껏 준비하여
감사의 예를 올립니다.

자비로우신 부처님!
부처님께서는 조상을 가장 잘 섬기는 방법을
자상하게 알려주셨습니다.
그것은 바로 조상들에게 위없는 가르침을
전해주는 것입니다.
그 위없는 가르침을 주신 부처님을 찬양합니다.

정갈한 음식으로 공양 올리고
정성을 다해 부처님께 세배 올리니
저희의 마음을 기꺼이 받아주소서.
조상 영가들이 생전에 지은 업보에 따라
합당한 세상에 갔겠지만,
저희의 간절한 기도 원력에 힘입어
현재 거주하고 있는 곳에서 최대한
행복하기를 기원합니다.
아울러 지금 기거하는 곳이 악도라면 부디
좋은 곳으로 갈 수 있도록 가피를 내려 주소서.

가장 슬기롭고 가장 큰 복을 쌓으신 부처님!
오늘 설날 차례를 지낸 인연의 공덕으로
저희가 어느 때나 불보살님의 크신 위신력과
함께하고 있음을 깨닫게 하소서.
또한 오늘 쌓은 공덕이 이웃과 사회,
모든 어려운 이들에게 빛이 되기를 기원합니다.

나무 석가모니불
나무 석가모니불
나무 시아본사 석가모니불.

정초 기도

오관은 잘 다스려지지 않아 바쁘며 음식의 때와 양을 모르고
게을러 노력이 없는 수행자를 마라는 쉽게 쓰러뜨린다.
마치 뿌리 약한 나무를 바람이 쓰러뜨리듯이.
_ 『법구경』 제7송

자비로운 마음으로 온 누리를 살피시고
복덕과 지혜 두루 갖추어 모든 중생을
차별 없이 거두시는 부처님!
새봄을 맞이하기 전, 설날이 지나면 저희는
7일 동안 불보살님께 정성껏 기도를 올립니다.
이 기도는 부처님 법을 지키고 널리 전하겠다는
서원이며, 한 해를 부처님 가르침에 따라 알차고
보람있게 보내겠다는 서원이기도 합니다.
이 뜻깊은 7일 동안의 기도를 위해
오늘 이 자리에 모였습니다.

어느 때나 중생과 함께하는 자비로우신 부처님!

착한 행위에는 마침내 행복이 오고
악한 행위에는 끝내 불행이 옴을 굳게 믿으며
불보살님의 한결같은 가피에 힘입어 간절히
발원합니다.

매사에 바르게 시작하는 것이 중요함을 알고
한 해를 시작함에 마음을 청정히 하고 항상
바른 생각을 하도록 노력하겠습니다.
몸과 느낌과 마음을 알아차려서 스스로
바른길로 나아갈 수 있도록 수행하겠습니다.

새해에는 부디 착한 마음을 짓는 사람이
잘사는 사회 되게 하소서.
학력보다는 경력이, 경력보다는 실력이
우선인 사회 되게 하소서.

가장 슬기롭고 가장 큰 복을 쌓으신 부처님!
바라옵건대, 정초 기도에 함께한 모든 대중에게
각별한 은총을 베풀어 주시고
이 수승한 인연의 공덕으로 저희가 어느 때나
불보살님의 크신 위신력과 함께하게 하소서.
또한 오늘 쌓은 공덕이 이웃과 사회,

모든 어려운 이들에게 빛이 되기를 기원합니다.

나무 석가모니불
나무 석가모니불
나무 시아본사 석가모니불.

새봄을 맞이하며

담마의 감로수를 마셔본 그는 고요한 마음으로 행복하게 살아간다.
지혜로운 사람은 언제나 깨달음의 진리를 즐거워한다.
_『법구경』 제79송

자비로운 마음으로 온 누리를 살피시고
복덕과 지혜 두루 갖추어 모든 중생을
차별 없이 거두시는 부처님!
새봄이 시작되는 입춘을 맞이하여
만 생명이 기나긴 겨울잠에서 깨어나
희망의 씨앗을 심고 있습니다.
오늘 봄의 씨앗에 생명의 물을 주는 날,
부처님 앞에 두 손 모아 합장하고
경건한 마음으로 발원합니다.

어느 때나 중생과 함께하는 자비로우신 부처님!
아직 어리석음을 완전히 벗지 못한 저희가

부처님의 가르침을 부지런히 실천하여
진정한 평화와 봄을 맞이하게 하소서.
행동을 바르게 하고, 마음을 고요하게 하며,
서로를 돕고 사는 것으로 행복해질 수 있음을
깨우치게 하소서.
아울러 불보살님 앞에 기도하는 저희에게
물에 의한 재난은 감로수가 되고
바람에 의한 재난은 감미로운 훈풍이 되고
불에 의한 재난은 지혜를 밝히는 등불이 되도록
가피를 내려 주소서.
부처님 법이야말로 모든 액난을 이기는
진정한 부적임을 알고, 더욱 정진하여
가르침을 배우고 따르겠습니다.
그로 인해 얻은 복으로 어려운 이웃을 돕고
사회에 봉사할 것을 서원합니다.

나무 석가모니불
나무 석가모니불
나무 시아본사 석가모니불.

한 해의 기도

칠석 기도

진실을 진실이라 받들고 진실 아닌 것을 진실 아닌 것이라 여기는
사람들, 그들은 바른 견해를 가지고 있는 것. 마침내 참다운 진리에
이른다.

_『법구경』 제12송

우리의 자상한 스승이신 부처님!
부처님은 신과 인간을 통틀어 가장 아름다운
사랑을 실천하셨습니다.
그 크신 사랑에 엎드려 예배합니다.

무릇 인간은 사랑이 있어서 살아가고
사랑이 있어서 행복합니다.
그러나 진정한 사랑을 외면하고
잘못된 애착을 사랑이라 여기며
사랑에 집착함으로써 오히려 괴로워하고 있습니다.
집착으로 지은 죄 진실로 참회하며 지극한 마음으로
두 손 모아 발원합니다.

부처님!

오늘은 일 년 중 특히 밤하늘이 아름다운 날,

지극히 사랑하는 견우와 직녀가 일 년에 한 번

만나는 칠월 칠석 날입니다.

이 아름다운 전설 같은 날을 기념하며

부처님 앞에 모여 합장 발원합니다.

부디 저희 미혹한 중생이 진정한 사랑을

실천할 수 있도록 지혜와 용기를 주소서.

어려운 사람이 있으면 도울 수 있는 힘을 주소서.

반목과 대립 속에서 고통받고 있는 사람들을

화합시킬 수 있는 힘을 주소서.

가족과 사회와 전 세계에 평화를 안겨줄 수 있는

지혜와 용기를 주소서.

사랑을 꾸준히 실천하기란 참으로 어렵습니다.

저희가 자만과 나태에 빠져 흔들릴 때

부처님의 너그러움과 끊임없는 정진력을 갖게 하소서.

무기력한 마음과 혼란스러움으로 힘들어할 때

부처님의 광대한 원력의 힘을 지니게 하소서.

불안과 초조한 마음으로 두려워할 때

부처님의 인욕과 깊은 선정력을 갖게 하소서.

좌절과 실의에 빠져 방황할 때 부처님의 물러섬 없는

불퇴전의 용기를 갖게 하소서.

대자대비하신 부처님!
다시 한번 기원합니다.
이 아름다운 칠월칠석을 맞이하여
반목하고 대립했던 이들이 서로 화합하고
오래 만나지 못한 이들이 다시 만나 행복해지고
온 인류가 사랑과 믿음 속에서 서로 의지하여
아름다운 문화를 꽃피우게 하소서.
부처님께 기도한 공덕으로 가정에 만복이 깃들고
만나는 사람과 장소마다 부처님의 법과 복덕이
전해져서 어느 곳이나 평화와 행복의 땅이 되게
하소서.

나무 석가모니불
나무 석가모니불
나무 시아본사 석가모니불.

백중 기도

진실 아닌 것을 진실이라 받들고 진실을 거짓이라 여기는 사람들,
그들은 그릇된 견해에 머물러 있는 것. 결코 참다운 진리에 이르지
못한다.

_『법구경』제11송

대자대비하신 부처님!
오늘은 부처님의 제자 목련존자가 아귀세상에서
고통받는 어머니를 위해 대중스님들에게 정성껏
공양을 올린 백중입니다.
그 아름다운 사연을 기억하며 먼저 세상을 떠난
조상과 형제자매와 자식을 위해 간절한 마음으로
기도합니다.

지극히 자비로우신 부처님!
지옥세상에 간 영가들이 분노하고 저주하고
질투했던 자신의 잘못을 뉘우치고 부처님의
가르침을 받들 수 있도록 은혜를 베풀어 주소서.

아귀세상에 간 영가들이 욕심내고 베풀지 않았던
자신의 잘못을 뉘우치고 부처님의 가르침을 받들
수 있도록 은혜를 베풀어 주소서.
축생세상에 태어난 영가들이 부처님 가르침의
참 의미를 깨달아 어리석음에서 벗어날 수 있도록
은혜를 베풀어 주소서.
수라세계에 태어난 영가들이 다툼과 불화와 반목에서
벗어나 용서와 화해와 화합의 세계로 갈 수 있도록
은혜를 베풀어 주소서.
인간세계에 태어난 영가들이 부처님 가르침과 인연을
맺어 부처님처럼 욕망과 분노와 어리석음으로부터
해탈하고 열반할 수 있도록 가피를 내려 주소서.
천상세계에 태어난 영가들이 즐거움과 안락함에 빠져
부처님의 가르침을 잊고 살지 않도록 그들을 채찍질해
주소서.

지혜와 복덕을 구족하신 부처님!
이 기도의 공덕으로 육도를 맴돌고 있는
모든 중생이 부처님 가르침을 바로 알아
바른 지혜와 복덕 갖추어 행복과 평안을 누리기를
간절히 기원합니다.

나무 석가모니불
나무 석가모니불
나무 시아본사 석가모니불.

추석 차례를 지내며

불선한 행동을 한 사람은 이 세상에서도 비탄에 빠지고
다음 세상에서도 비탄에 빠진다. 더욱 고통스러운 것은
악행을 되풀이하는 것이다.
_『법구경』 제15송

원만하고 지혜로우신 부처님!
오늘은 민족의 대명절 추석입니다.
일 년 중 가장 크고 밝은 보름달이 떠오르는 이날,
계절의 원숙한 성장의 끝에 서서
지난 한 해의 시간을 돌이켜 봅니다.

거룩하신 부처님!
부처님은 선지식을 보름달에 비유하시며
보름달같이 환하고 원만한 지혜를 완성하라고
가르치셨습니다.
원만함은 두루 걸림이 없고, 다툼이 없고,
부드럽고 너그러움을 뜻합니다.

그 가르침에 따라 오늘 밤 저희는 어둠을 밝히는
저 하늘의 달을 보면서 부처님처럼 원만한 지혜를
성취할 것을 꿈꾸겠습니다.
그 원만함을 이루기 위해 보현보살 10대 행원 중
다섯 가지를 서원합니다.

예절을 지키겠습니다.
남을 칭찬하겠습니다.
항상 베풀겠습니다.
먼저 사과하겠습니다.
시기하거나 질투하지 않겠습니다.

부처님!
오늘 밤 보름달을 바라보면서 나를 비롯한 세상
모든 사람과 뭇 생명이 부처님의 가르침에 따라
지혜를 이루고, 다툼과 반목 없이 평화롭게 더불어
살아가기를 두 손 모아 기원합니다.

나무 석가모니불
나무 석가모니불
나무 시아본사 석가모니불.

한 해 의 기 도

동지 기도

비록 경을 적게 독송할지라도 담마를 실천하고 수행하여 탐욕과 성냄과
무지를 없애고 진리를 바르게 이해하여 번뇌가 더 이상 자라지 않아
현재와 미래에 집착이 없어지면, 이것이야말로 수행자의 참된 이익,
그는 그것을 다른 이들과 나눈다.
_『법구경』제20송

지혜와 복덕을 구족하신 부처님!
오늘은 일 년 중에 밤이 가장 긴 날, 동지입니다.
깊은 밤처럼 긴 세월 부처님 법 제대로 알지 못하고
또한 알면서도 실천하지 못하여 번뇌를 여의지 못한
어리석음을 마음 깊이 참회하며 발원합니다.

거룩하신 부처님!
새해의 시작이자 희망의 불씨가 되는 이날을 기해 중생의
무명번뇌 여의고 부처님의 광명반야를 만나고자 합니다.
부디 저희의 마음을 헤아려 주소서.
저희의 원력에 힘을 더해 주시고
저희의 지혜에 반석을 놓아 주시고

저희의 정진에 원기를 불어넣어 주소서.
부처님의 법 울타리 안에 있고, 부처님의 보살핌
안에 있는 이들이 뜻하는 바 모든 일이 순조롭게
이루어지도록 지혜를 불어넣어 주소서.
가정은 평안하고 화목하며, 가족은 모두 건강하고,
재난은 슬기롭게 극복하고, 복덕은 항상 집안
가득히 머물기를 기원합니다.
이 발원이 이웃과 사회와 나라와 세상을 두루
이롭게 하고, 모든 중생을 깨달음으로 인도하는
등불이 되어 줄 것을 믿습니다.
간절한 바람과 함께 부처님 법 여실히 깨닫기 위해
정진을 거듭할 것을 다시 한번 굳게 서원합니다.

나무 석가모니불
나무 석가모니불
나무 시아본사 석가모니불.

한 해의 기도

한 해를 마무리하며

게으르지 않음은 불사의 경지이지만 게으름은 죽음의 신과 함께한다.
게으른 이는 마치 죽은 것과 다름없지만 게으르지 않은 이는 죽어도
죽지 않는다.
_『법구경』 제21송

부처님!
또 한 해가 저물어갑니다.
올 한 해 힘들었지만 부처님 가르침과 새로 맺은
인연의 힘으로 갖은 역경을 이겨낼 수 있었습니다.
좋은 인연에 감사하고 더욱 알찬 새해를 맞이하는
서원을 세우고자 이 자리에 모였습니다.

한없이 자비로우신 부처님!
올 한 해 동안 부렸던 욕심과 성냄과
어리석음을 가슴 깊이 참회합니다.
새해에는 부처님의 계율을 늘 마음에 새기고
바르게 생활하겠습니다.

새해에는 자주 선정 수행을 하여
어떤 상황에서도 성내는 마음을 내지 않겠습니다.
새해에는 부처님의 가르침을 마음속에 낱낱이
새기기 위해 경전을 충분히 읽겠습니다.
새해에는 오직 노력할 뿐
부족한 것에 대해 남 탓하지 않으며
내가 가진 모든 것에 감사하겠습니다.

거룩하신 부처님!
저희의 원력에 힘을 더해 주시고
저희의 지혜에 반석을 놓아 주시고
저희의 정진에 원기를 불어넣어 주소서.
이 발원이 이웃과 사회와 나라와 세상을 두루
이롭게 하고, 모든 중생을 깨달음으로 인도하는
등불이 되어 줄 것을 믿습니다.
간절한 바람과 함께 부처님 법 여실히 깨닫기 위해
정진을 거듭할 것을 다시 한번 굳게 서원합니다.

나무 석가모니불
나무 석가모니불
나무 시아본사 석가모니불.

한 해 의 기 도

4

부처님을 향한 기도

차근차근 조금씩 자주자주
슬기로운 이는
스스로의 더러움을 닦아낸다.
은 세공사가 은에서 불순물을
제거하듯이.

부처님오신날을 맞이하며

🌱

행복은 붓다가 세상에 나심이요, 행복은 으뜸가는 성스러운 진리를
배움이며, 행복은 성스러운 수행자들이 서로 화합함이다. 더욱 큰
행복은 위의 셋이 잘 조화되고 실천됨이라.

_『법구경』 제194송

오늘은 기쁜 날,
인류 역사상 가장 위대하신 부처님께서
이 세상에 오신 날입니다.
하늘과 땅이 축제를 벌이듯 온갖 생명이
가장 활동적인 이 아름다운 계절에
부처님 오심을 환희하며 지극한 마음으로
두 손 모아 발원합니다.

자비롭고 지혜로우신 부처님!
부처님께서는 이 땅에 '우연히' 오시지 않았습니다.
끝 모를 어둠 속에서 헤매는 중생의 아픔을
치유하고자 큰 원력을 세우고 오셨습니다.

　　　　　　　　　　　부처님을 향한 기도

아름다운 하늘나라에서 즐거움과 평온함을
누릴 수 있었음에도 혼자만의 안락을 버리고
이 땅에 오셨습니다.
혼자만의 평온을 버리고 중생을 치유하기 위해
사랑으로 오신 부처님, 오늘 저희는 부처님의
자비를 가슴 깊이 느끼며 온몸으로 엎드려
절합니다.

복덕과 지혜를 두루 갖추신 부처님!
부처님께서 이 땅에 오신 지 이천 년이 넘었건만
부처님 가르침을 만나지 못하거나 실천하지 못하는
세상은 여전히 다툼과 반목과 대립과 갈등이
만연하여 불안과 두려움에 휩싸여 있습니다.
한쪽에서는 물질이 넘쳐남에도 불구하고
다른 한쪽에서는 굶어서 죽어가는 이가 허다하고
종교가 다르다는 이유로 테러와 전쟁을 일삼는
일도 있습니다.

부처님!
부디 이 땅에 지혜와 자비의 씨앗을 뿌려 모든
중생이 폭력이 없는 나라, 속임수가 없는 나라,
강제노역이 없는 나라, 학살이 없는 나라,

전쟁이 없는 나라에서 살아가게 하소서.
오늘 이 뜻깊은 날을 맞아 부처님 가르침을 잘 아는
이들이나, 신심이 깊은 이들이나, 지극한 마음을
가진 이들이나, 아직 아무런 인연이 없는 이들과
자연과 모든 생명에게 가피를 내려 주소서.
살아 있는 모든 존재가 건강하고 평온하며
행복하게 하소서.
그 인연으로 모두가 부처님의 가르침을 높이
받들고 깊이 이해하는 불자가 되게 하소서.
오늘 이 발원이 부처님의 자비와 지혜를 통해
이루어질 것을 굳게 믿습니다.

나무 석가모니불
나무 석가모니불
나무 시아본사 석가모니불.

부처님을 향한 기도

출가재일을 맞이하며

자비로우신 석가모니 부처님!
부처님께서 아픈 중생들을 위해 출가하신 이날을
맞아 감사와 감격과 환희를 부처님 전에 올리며
서원을 담아 발원합니다.
바라옵건대, 크신 사랑으로 살펴 주소서.

대자대비 부처님!
부처님께서는 세속의 부귀영화를 버리고 출가하여
기나긴 고행의 과정을 거쳐 마침내 위없는 진리를
깨달으셨습니다.
모든 중생이 성불할 수 있음을 보여주셨고
그리하여 모두에게 참된 해탈의 길을

열어주셨습니다.

그럼에도 저희는 부처님의 위대하신 출가정신을
쉽게 잊어 버리곤 합니다.

출가정신은 모든 생명의 아픔을 해결해 주고자
하는 부처님의 자비심이며, 미지의 세계를 향해
도전하는 모험심이라는 것을 잊고 살아왔음을
참회합니다.

바라옵건대, 저희가 출가재일을 기점으로
부처님 같은 자비심을 갖게 되기를 기원합니다.
부처님 같은 모험심과 부처님 같은 불퇴전의
용기를 갖게 되기를 기원합니다.

부처님!

세상이 발달할수록 오히려 더 많은 질병이
발생하고 있고, 더 많은 재난과 위험이
함께하고 있습니다.

이 모든 문제의 근원은 인간의 어리석음과
욕심과 화입니다.

이제 저희는 문제의 본질을 있는 그대로
바로 보겠습니다.

부처님 가르침을 바르게 실천함으로써
이를 해결하겠습니다.

부처님을 향한 기도

저희의 뜻이 부처님의 출가정신처럼 맑고
밝아져서 삶을 위협하는 여러 가지 문제들과
무서운 과보를 슬기롭게 이겨낼 수 있도록
용기와 지혜를 주소서.
가정을 화목하게 하고, 사회에 이바지하며,
나라와 인류와 우주에 기여하게 하소서.
그리하여 저희 삶이 부처님의 출가정신으로
무장된 보살의 삶이 되어 일체중생과 역사를
빛냄으로써 마침내 부처님의 크신 은덕을
갚게 하소서.

나무 석가모니불
나무 석가모니불
나무 시아본사 석가모니불.

성도재일을 맞이하며

모든 생명이 함께 행복해질 수 있는 길을
깨달으신 석가모니 부처님!
오늘은 부처님께서 지난한 수행 과정을 거쳐
마침내 모든 번뇌로부터 해탈하신 그날입니다.
부처님께서는 세세생생 보살행을 닦으며
생명들이 늙고 병들고 죽는 고통을 극복하는
방법을 알아내셨습니다.
부처님께서 성도하신 날,
온 인류가 춤을 추고 산과 들과 바다가
일심으로 찬미의 노래를 불렀습니다.
거룩한 자비광명 속에서 부처님 성도하신 날을
기념하여 경건히 합장하며 감사와 감격과

부처님을 향한 기도

환희로움 속에서 발원합니다.

부처님!
부처님의 깨달음으로 인류는 새로운 차원의
사유를 전개할 수 있었으며, 초월적인 존재의 힘에
기대지 않고 인간 스스로 궁극적인 행복을 성취할 수
있음이 증명되었습니다.
저희 스스로 성불할 수 있음을 알게 되었고
모두가 참된 해탈의 길을 열어가게 되었습니다.
그야말로 인류문명의 대전환이 이루어진 것입니다.

오늘을 기하여 부처님의 가르침을 더욱 열심히
공부하여 바르게 실천하겠습니다.
몸은 단정하고 마음은 청정하며 생각은 지혜롭고
행동은 자비롭게 유지하겠습니다.

부처님, 성도절의 인연 공덕으로 모든 생명체가
운명처럼 덮어쓰고 있는 미혹의 구름 걷어 주시고
통제할 길 없었던 삼독의 거친 물결을 잔잔하게
잠재워 주소서.
그리하여 저희 삶이 부처님께서 가르치신 대로
보살의 삶이 되어 온 세상을 충만한 불국토로 만들어

가게 하소서.

나무 석가모니불
나무 석가모니불
나무 시아본사 석가모니불.

부처님을 향한 기도

열반재일을 맞이하며

지극히 자비로우신 석가모니 부처님!
거룩하신 부처님과 부처님의 가르침과
부처님의 가르침을 지키고 전하는 승가에 귀의하며
부처님께서 지극히 평화로운 경지에 드신 날을
맞이하여 간절하게 기원합니다.

지혜와 복덕을 구족하신 부처님!
부처님께서는 깨달음을 얻은 후 45년 동안
자비심으로 위없는 가르침을 펼치셨습니다.
그리고 마지막 반열반을 통해 당신의 가르침이
진실로 유익함을 보여주셨습니다.
그 가없는 은덕 앞에 일심으로 합장하며 발원하니

저희의 간절한 정성을 지극한 서원으로 거두어 주소서.

바라옵건대, 탐욕으로부터 자유로워지게 하소서.
나와 남을 불행하게 하는 분노로부터
자유로워지게 하소서.
이미 가지고 있는 귀한 것을 모르는
어리석음으로부터 자유로워지게 하소서.
그리하여 여러 생애에 지은 악업을 한순간에
소멸하게 하소서.
항상 생각이 맑고 뜻이 바르며 마음은 끝없이 밝은
슬기로 가득 차 부처님의 위없는 깨달음의 길
고루 닦도록 이끄소서.
그리하여 저희 삶이 보살의 삶이 되어
나와 남을 위해 부처님의 계율을 수지하고
항상 경전을 가까이하고, 청정한 스님들 뜻을 따르며
어려운 이웃을 보면 앞장서서 돕게 하소서.
부처님의 열반을 모범으로 삼아 정진에 정진을
거듭할 것을 서원합니다.

나무 석가모니불
나무 석가모니불
나무 시아본사 석가모니불.

부처님을 향한 기도

성지를 순례하며 1 — 룸비니

만일 작은 행복을 포기한다면 위대한 행복을 얻는다. 지혜로운 사람은
작은 행복을 포기하고 위대한 행복의 결과를 바라본다.
_ 『법구경』 제290송

부처님!
저희는 지금 부처님께서 이 땅에 오신 곳,
룸비니 동산에 왔습니다.
부처님의 어머니 마야 왕비가 친정으로 가던 길에
이곳에서 부처님을 낳으셨습니다.
위대한 성인과 가르침이 없어 참으로 암담하던
시기에 인류 역사상 가장 위대한 사람,
부처님께서 오셨습니다.
그날의 환희와 감격을 어찌 잊을 수 있겠습니까.
하늘이 춤추고 땅도 온갖 아름다운 장식으로
부처님 탄생을 기렸습니다.

자비롭고 지혜로우신 부처님!
부처님께서는 모든 중생을 궁극적인 행복의 길로
인도하리란 큰 원력으로 이 땅에 오셨습니다.
바야흐로 그 원력이 실현되기 시작하는 부처님의
탄생지에서 굳게 다짐합니다.

부처님께서 큰 원력을 세우셨듯
저희도 원력을 세우고 정진하겠습니다.
부처님께서 도전하고 모험하는 자세로 사셨듯
저희도 진취적인 삶을 살겠습니다.
부처님께서 항상 자비로 중생을 대하셨듯
저희도 항상 자비심을 유지하겠습니다.
부처님께서 평생을 한결같이 성실하셨듯
저희도 성실하게 살겠습니다.
부처님께서 한결같이 깨어 있는 마음으로 사셨듯
저희도 매 순간 알아차리기 위해 노력하겠습니다.
부처님께서 언제나 마음을 고요히 하셨듯 저희도
선정 수행을 통해 마음을 고요히 유지하겠습니다.

복덕과 지혜를 두루 갖추신 부처님!
부처님께서 태어나시고 교화하셨던 이 나라의
많은 백성이 가난에 시달리고 있습니다.

부처님을 향한 기도

이 땅에 부처님의 지혜와 자비의 씨앗을 뿌려
이 나라를 풍요롭고 건강하게 지켜 주소서.
오늘 이곳에 온 인연으로 부처님의 가르침을 높이
받들고 깊이 이해하여 세계 모든 불자의 모범이 될
것을 발원합니다.
여기 모인 모든 이들이 몸과 마음 건강하고
가정이 평온하며, 뜻하는 바 모두 순조롭게
성취하게 하소서.
이 발원이 부처님의 자비와 지혜의 품 안에서
이루어질 것을 믿으며, 저희의 성지 순례에 작은
공덕이라도 있다면 세계 평화와 세상의 모든
어려운 이들의 안락을 위해 회향합니다.

나무 석가모니불
나무 석가모니불
나무 시아본사 석가모니불.

성지를 순례하며 2 – 부다가야

🌾
만일 그가 계를 잘 지키고 정신을 차려 깨어 있는 생활을 하며
올바른 깨달음을 얻어 해탈을 성취했다면 악마(마라)도 그가 가는
길을 찾을 수 없다.

_ 『법구경』 제57송

부처님!
저희는 지금 부처님께서 깨달음을 얻으신 곳,
부다가야에 왔습니다.
세세생생 중생구제의 원력을 세우시고
바라밀을 실천한 끝에 얻으신 깨달음에
온 우주가 진동하고 모든 생명이 환희에 찼던
그 순간을 가슴 깊이 느끼고 있습니다.
부처님께서 몸을 씻으셨을 네란자라강,
부처님께서 수행하셨던 전정각산,
부처님께서 성도 직전에 공양하신 수자타 마을,
그리고 부처님께서 깨달음을 얻으신 보리수와
마하보디 대탑이 가슴을 벅차오르게 합니다.

부처님을 향한 기도

자비롭고 지혜로우신 부처님!
부처님께서는 모든 중생을 궁극적인 행복의
길로 인도하리란 큰 원력으로 이 땅에 오셨고
그 원력 실천의 토대를 완성하신 곳이 바로
이곳 부다가야입니다.
부처님께서 탄생하신 룸비니가 불신(佛身)의
탄생지라면, 깨달음을 얻으신 부다가야는
법신(法身)의 탄생지라 하겠습니다.
이 뜻깊은 법신의 탄생지에서 발원합니다.

부처님께서 깨달으신 내용을 속속들이
배우겠다는 원력을 세웁니다.
부처님께서 실천하셨던 지혜행을
하나하나 실천하겠습니다.
부처님께서 실천하셨던 자비행을
하나하나 실천하겠습니다.
부처님께서 중생을 위해 평생 복덕을 쌓으셨듯
저희도 꾸준히 복덕을 쌓겠습니다.
부처님처럼 항상 깨어 있는 마음으로 살겠습니다.
부처님처럼 항상 고요한 마음을 유지하겠습니다.
부처님 법에 어긋나지 않은 일을 평생 성실하게
행하겠습니다.

복덕과 지혜를 두루 갖추신 부처님!
부처님께서 태어나시고 교화하셨던 이 나라의
많은 백성이 가난에 시달리고 있습니다.
이 땅에 부처님의 지혜와 자비의 씨앗을 뿌려
이 나라를 풍요롭고 건강하게 지켜 주소서.
오늘 이곳에 온 인연으로 부처님의 가르침을 높이
받들고 깊이 이해하여 세계 모든 불자의 모범이 될
것을 발원합니다.
이 발원이 부처님의 자비와 지혜의 품 안에서
이루어질 것을 믿으며, 저희의 성지 순례에 작은
공덕이라도 있다면 세계 평화와 세상의 모든
어려운 이들의 안락을 위해 회향합니다.

나무 석가모니불
나무 석가모니불
나무 시아본사 석가모니불.

부처님을 향한 기도

성지를 순례하며 3 − 사르나트

❦
그대여, 자신을 섬으로 삼아 부지런히 정진하여 지혜를 갖추어라.
더러움을 없애고 번뇌에서 벗어나라. 그러면 머지않아 성인의
세계에 들어가리.
_『법구경』 제236송

부처님!
부처님께서 깨달음을 얻으신 후 진리를
전파하신 것은 지극한 자비심의 발로였습니다.
부처님께서는 범천의 청을 받아 대중교화에
나설 것을 결심하신 후 세상을 향해 이렇게
선언하셨습니다.

"나 이제 감로의 법문을 여나니, 귀 있는 자는
들어라. 낡은 믿음을 버리고."

그리하여 다섯 수행자에게 먼저 법을 전하셨으니
이는 불교 교단의 탄생이요 부처님 깨달음의

목적이 중생교화임을 몸소 보여주신 것입니다.
만약 부처님의 위없는 가르침이 아니었다면
이 세상의 어둠은 아직 걷히지 않았을 것입니다.
초전법륜에 의해 저희가 부처님의 가르침을
만나게 되었으니 초전법륜이야말로 인류의 스승이자
대도사이신 부처님의 진정한 탄생이라고 하겠습니다.

위없는 스승이신 부처님!
저희는 지금 부처님의 첫 설법이 이루어진
성지 사르나트에 왔습니다.
이토록 중요한 성지에서 몸과 마음으로
예배하며 진심으로 발원합니다.

부처님 가르침의 전법을
불퇴전의 원력으로 삼겠습니다.
도전하고 모험하는 자세로 전법에 임하겠습니다.
부처님 가르침을 전하는 과정에서
조그마한 성취에 안주하지 않겠습니다.
오직 자비심을 바탕으로 전법에 힘쓰겠습니다.
어떤 어려움이 있어도 항상 성실한 자세로
전법에 충실하겠습니다.
항상 깨어 있는 마음으로 부처님 가르침의

부처님을 향한 기도

전법에 열중하겠습니다.
어떤 난관에 부딪혀도 고요한 마음으로
부처님 가르침을 전하겠습니다.

복덕과 지혜를 두루 갖추신 부처님!
부처님께서 태어나시고 교화하셨던 이 나라에
지금은 불법이 쇠퇴하였습니다.
부디 부처님의 지혜와 자비의 씨앗을 뿌려
다시 불법이 융성하게 하소서.
오늘 이곳에 온 인연으로 부처님의 가르침을 높이
받들고 깊이 이해하여 세계 모든 불자의 모범이 될
것을 발원합니다.
이 발원이 부처님의 자비와 지혜의 품 안에서
이루어질 것을 믿으며, 저희의 성지 순례에 작은
공덕이라도 있다면 세계 평화와 세상의 모든
어려운 이들의 안락을 위해 회향합니다.

나무 석가모니불
나무 석가모니불
나무 시아본사 석가모니불.

성지를 순례하며 4 – 쿠쉬나가르

수행자들이여, 참으로 이제 그대들에게 당부하노니, 형성된 것들은
소멸하기 마련인 법이다. 방일하지 말고 (해야 할 바를 모두) 성취하라!
_『대반열반경』

부처님!
저희는 지금 부처님께서 반열반에 드신
쿠쉬나가르에 왔습니다.
열반당에 있는 부처님 열반상을 보면서
부처님도 저희와 같이 이 땅에서 살다 간
한 인간이었음을 온몸으로 느낍니다.
부처님께서는 모든 번뇌를 여의어 생사를 해탈한
위대한 성인이 되셨고, 남김없이 제자들에게
가르침을 전하시고 평온하게 열반에 드셨습니다.
그것은 부처님께서 전 우주를 통틀어 가장 위대한
존재임을 증명하는 역사적인 사건이었습니다.
또한 깨달은 자의 육신도 영원하지 않으며

부처님을 향한 기도

실체가 없음을 직접 보여주신 것이기도 했습니다.

위없는 스승이신 부처님!
"수행자들이여, 참으로 이제 그대들에게
당부하노니, 형성된 것은 소멸하기 마련이다.
방일하지 말고 해야 할 바를 모두 성취하라" 하셨던
부처님의 마지막 당부의 말씀을 되새기면서
부처님 가르침이 최종적으로 완성된 성지
쿠쉬나가르에서 경건한 마음으로 예배하고
지극한 마음으로 서원합니다.

부처님 같은 모습으로 원적에 들겠다는
원력을 세우겠습니다.
부처님 같은 반열반을 완성하기 위해
도전하고 모험하는 자세를 잃지 않겠습니다.
생의 마지막 순간에도 자비심을 잃지 않도록
정진하겠습니다.
어떤 순간에도 평정심을 잃지 않기 위해
매 순간 알아차리며 생활하겠습니다.
부처님의 지혜를 바르게 배우기 위해
경전을 읽으며 자신의 수행을 점검하겠습니다.
부처님의 마지막 유훈을 평생의 신념으로 삼아

오직 성실하게 수행하겠습니다.
부처님께서 선정 상태에서 반열반하신 것을
모범으로 삼아 저희도 선정 수행을 통해
마음을 고요히 유지하겠습니다.

복덕과 지혜를 두루 갖추신 부처님!
부처님께서 태어나시고 교화하셨던 이 나라에
지금은 불법이 쇠퇴하였습니다.
부디 저희의 발원 공덕으로 부처님의 지혜와
자비의 씨앗이 이 땅에 다시 흩뿌려져 불법이
크게 융성하게 하소서.
오늘 이곳에 온 인연으로 부처님의 가르침을 높이
받들고 깊이 이해하여 세계 모든 불자의 모범이 될
것을 발원합니다.
이 발원이 부처님의 자비와 지혜의 품 안에서
이루어질 것을 믿으며, 저희의 성지 순례에 작은
공덕이라도 있다면 세계 평화와 세상의 모든
어려운 이들의 안락을 위해 회향합니다.

나무 석가모니불
나무 석가모니불
나무 시아본사 석가모니불.

부처님을 향한 기도

성지를 순례하며 5 – 쉬라바스티

갈망으로 잠 못 이루는 사람에게 밤은 길고 피곤한 여행자에게 십 리 길은 너무도 멀며 참된 가르침을 모르는 어리석은 자에게 생사윤회는 한없이 길다.
_『법구경』제60송

부처님!
저희는 지금 부처님께서 깨달음을 얻으신 후
가장 오랜 시간을 보냈던 쉬라바스티에 왔습니다.
이곳의 하늘과 땅, 강과 들에 부처님의 뜻과 원이
서려 있음을 느낍니다.
기원정사를 비롯한 여러 승원과 수닷타 장자와
앙굴리말라 탑이 환희심으로 저희를 부르고
있습니다.
부처님께서 가장 오래 머무셨고, 가장 많은
이야기를 남기셨고, 가장 많은 경을 설하셨던
이곳에서 부처님의 생생한 발자취를 느낍니다.
이곳에서 시작된 위대한 가르침과 지혜와 복덕

크신 위신력에 엎드려 예배합니다.

거룩하신 부처님!
부처님의 발자취를 직접 확인하는 환희 속에서
불자로서 다짐을 새롭게 합니다.
지극한 신심으로 이곳에 온 이들에게 자비의
손길을 내려 주시고 발원을 들어주소서.

부처님께서 큰 원력을 세우셨듯
저희도 전법 원력을 세우고 정진하겠습니다.
부처님께서 도전하고 모험하는 자세로 사셨듯
저희도 전법을 위해 진취적인 삶을 살겠습니다.
부처님께서 자비로 중생을 대하셨듯
전법의 길에 어려움이 있을지라도 항상
자비심을 유지하겠습니다.
부처님께서 평생을 한결같이 성실하게 중생을
교화하셨듯 저희도 오직 성실한 자세로 전법에
임하겠습니다.
부처님께서 언제나 깨어 있는 마음을 유지하셨듯
저희도 매 순간 알아차리기 위해 노력하겠습니다.
부처님께서 언제나 마음을 고요히 하셨듯 저희도
선정 수행을 통해 마음을 고요히 유지하겠습니다.

부처님을 향한 기도

복덕과 지혜를 두루 갖추신 부처님!
부처님께서 태어나시고 교화하셨던 이 나라에
지금은 불법이 쇠퇴하였습니다.
부디 저희의 발원 공덕으로 부처님의 지혜와
자비의 씨앗이 이 땅에 다시 흩뿌려져 불법이
크게 융성하게 하소서.
오늘 이곳에 온 인연으로 부처님의 가르침을 높이
받들고 깊이 이해하여 세계 모든 불자의 모범이 될
것을 발원합니다.
이 발원이 부처님의 자비와 지혜의 품 안에서
이루어질 것을 믿으며, 저희의 성지 순례에 작은
공덕이라도 있다면 세계 평화와 세상의 모든
어려운 이들의 안락을 위해 회향합니다.

나무 석가모니불
나무 석가모니불
나무 시아본사 석가모니불.

성지를 순례하며 6 — 라지기르

🌾

우리 진정 행복하게 살아가자. 쾌락된 환경에 물들지 않고 쾌락을
추구하는 사람들 속에서도 쾌락을 따르지 않으며 우리 자유롭고
평화롭게 살아가자.

_『법구경』 제198송

거룩하신 부처님!
저희는 지금 부처님과 참으로 인연 깊은 곳,
죽림정사와 왕사성과 영취산을 찾아
라지기르에 왔습니다.
부처님께서 출가하여 머리를 자르고 가장 먼저
찾으셨던 곳, 최초의 사원이 있는 곳을 찾으니
가슴속 깊은 곳에서 뜨거운 감동이 솟아오릅니다.

부처님께서는 이곳에서 말씀하셨습니다.

"과거를 돌아보지 말고 미래를 바라지 말라. 과거는
떠나갔고 미래는 아직 오지 않았다. 오직 현재에

부처님을 향한 기도

충실하라. 내일 죽을지 누가 알리오?(『맛지마니까야』
「지복의 하룻밤 경」)"

세상 누구와도 비교할 수 없는 위대한 성인이자
수행자이신 부처님!
범부는 자꾸만 과거로 가는 마음 쉽게 잡지 못하고
미래에 대한 생각으로 현실에 집중하지 못합니다.
이곳에 와서 오직 현재에 집중하는 연습을 새롭게
시작합니다.
그리하여 부처님 제자로서 부처님을 닮아갈 것을
굳게 서원합니다.

부처님처럼 자비심을 잃지 않고 어려운 이웃이나
고통받는 생명이 있을 때 외면하지 않겠습니다.
부처님처럼 성실하게 살면서 어떤 일이건 한 번에
성취하려 욕심내지 않고 차근차근 임하겠습니다.
부처님처럼 항상 마음을 고요히 하면서 꾸준한
선정 수행을 통해 성내지 않는 태도를 갖겠습니다.
부처님처럼 매 순간 알아차리면서 몸과 느낌과
마음과 대상을 분명하게 알아 어리석고 삿된
생각에 빠지지 않겠습니다.

세간을 속속들이 아시는 부처님!
부처님께서 법을 펼치셨던 인도 땅에는
오늘날 가난한 사람이 너무도 많습니다.
그들이 저희처럼 부처님 법을 공부할 수 있도록
희망과 용기와 지혜를 주소서.
성지 순례를 떠난 이들이 안전하게 회향하도록
은혜를 베푸시고, 부처님의 성지에서 모두 크나큰
깨달음을 이루도록 인도하소서.
이 발원이 부처님의 자비와 지혜의 품 안에서
이루어질 것을 믿으며, 저희의 성지 순례에 작은
공덕이라도 있다면 세계 평화와 세상의 모든
어려운 이들의 안락을 위해 회향합니다.

나무 석가모니불
나무 석가모니불
나무 시아본사 석가모니불.

부처님을 향한 기도

성지를 순례하며 7 — 바이샬리

부처님!
저희는 지금 부처님께서 아름답다고 찬양했던 도시
바이샬리에 왔습니다.
최초의 비구니 승단이 생겨난 곳,
부처님께서 마지막 안거를 나신 곳,
두 번째 경전 결집이 일어난 곳,
참으로 이곳은 신심 깊은 불자가 많은 곳이었습니다.

부처님께서는 이곳에서 말씀하셨습니다.

"자신을 섬으로 삼고 자신을 귀의처로 삼아 머물고
남을 귀의처로 삼아 머물지 말고, 법을 섬으로 삼고

법을 귀의처로 삼아 머물고, 다른 것을 귀의처로
삼아 머물지 말라(『대반열반경』)."

세상 누구와도 비교할 수 없는 위대한 성인이자
수행자이신 부처님!
부처님의 성지를 순례하면서 부처님 가르침에 따라
오직 자기 자신과 부처님의 법을 귀의처로 삼아
살아갈 것을 서원합니다.
자신의 수행 속에서 진정한 행복을 찾고
부처님 가르침 속에서 수행의 길을 찾겠습니다.
그리하여 부처님의 제자로서 부처님을 닮아갈 것을
굳게 서원합니다.

부처님처럼 자비심을 잃지 않고
어려운 이웃이나 고통받는 생명이 있을 때
외면하지 않고 보살행을 펼치겠습니다.
부처님처럼 성실하게 살면서 어떤 일이건 한 번에
성취하려 욕심내지 않고 차근차근 노력하겠습니다.
부처님께서 평생 한 곳에 안주하지 않고
최대한 많은 곳에서 중생교화에 힘쓰셨듯
저희도 안락에 빠지지 않겠습니다.
부처님처럼 항상 마음을 고요히 하면서 꾸준한

부처님을 향한 기도

선정 수행을 통해 분노로부터 해탈하겠습니다.
부처님처럼 매 순간 몸과 느낌과 마음과 대상을
분명하게 알아차려서 어리석고 삿된 생각에 빠지지
않겠습니다.

세간을 속속들이 아시는 부처님!
부처님께서 법을 펼치셨던 인도 땅에는
오늘날 가난한 사람이 너무도 많습니다.
그들이 저희처럼 부처님 법을 공부할 수 있도록
희망과 용기와 지혜를 주소서.
성지 순례를 떠난 이들이 안전하게 회향하도록
은혜를 베푸시고, 부처님의 성지에서 모두 크나큰
깨달음을 이루도록 인도하소서.
이 발원이 부처님의 자비와 지혜의 품 안에서
이루어질 것을 믿으며, 저희의 성지 순례에 작은
공덕이라도 있다면 인도의 불국토화와 세계 평화와
세상의 모든 어려운 이들의 안락을 위해 회향합니다.

나무 석가모니불
나무 석가모니불
나무 시아본사 석가모니불.

성지를 순례하며 8 — 상카샤

차근차근 조금씩 조금씩 자주자주 슬기로운 이는 스스로의 더러움을
닦아낸다. 은 세공사가 은에서 불순물을 제거하듯이.
_『법구경』 제239송

부처님!
저희는 지금 부처님께서 신통으로 위대함을
증명해 보이셨던 도시 상카샤에 왔습니다.
부처님께서는 천불화현의 신통을 보이신 후
도리천에 올라 어머니에게 아비담마 칠론과
지장경을 설하시고 상카샤로 내려오셨습니다.
그런 인연으로 이곳은 부처님의 여덟 번째 성지가
되었고, 지금도 많은 석가족이 모여 살고 있습니다.

세상 누구와도 비교할 수 없는 위대한 성자이자
수행자이신 부처님!
부처님께서 브라흐마 신과 인드라 신의 호위를

부처님을 향한 기도

받으며 하늘의 사다리를 통해 내려오시는 모습을
상상해 봅니다.
그 환희로운 모습은 진정한 마음의 평화와
궁극적인 행복을 위한 방편이었음을 압니다.
부처님의 가르침에 따라 진정한 평화와
궁극적인 행복을 위해 꾸준히 수행하며
부처님을 닮아갈 것을 서원합니다.

부처님처럼 자비심을 잃지 않고
어려운 이웃이나 고통받는 생명이 있을 때
외면하지 않고 보살행을 펼치겠습니다.
부처님처럼 어떤 일이건 한 번에 성취하려고
욕심내지 않고 차근차근 성실하게 임하겠습니다.
부처님께서 편안한 궁궐도 버리시고
아름다운 하늘나라에도 안주하지 않으셨듯
어떤 곳에도 안주하지 않고 도전하고 모험하는
자세를 잃지 않겠습니다.
부처님처럼 항상 마음을 고요히 하면서 꾸준한
선정 수행을 통해 성내지 않는 법을 배우겠습니다.
부처님의 신통력을 가슴 깊이 찬탄하면서도
신통에 집착하지 않겠습니다.
부처님처럼 매 순간 알아차리면서 몸과 느낌과

마음과 대상을 분명하게 알아 어리석고 삿된
생각에 빠지지 않겠습니다.
항상 부처님을 따라 배우고 어려운 이들을 섬기는
마음 놓지 않겠습니다.

세간을 속속들이 아시는 부처님!
부처님께서 법을 펼치셨던 인도 땅에는
오늘날 가난한 사람이 너무도 많습니다.
그들이 저희처럼 부처님 법을 공부할 수 있도록
희망과 용기와 지혜를 주소서.
성지 순례를 떠난 이들이 안전하게 회향하도록
은혜를 베푸시고, 부처님의 성지에서 모두 크나큰
깨달음을 이루도록 인도하소서.
이 발원이 부처님의 자비와 지혜의 품 안에서
이루어질 것을 믿으며, 저희의 성지 순례에 작은
공덕이라도 있다면 세계 평화와 세상의 모든
어려운 이들의 안락을 위해 회향합니다.

나무 석가모니불
나무 석가모니불
나무 시아본사 석가모니불.

부처님을 향한 기도

신중 기도

🌾
몸이 물거품처럼 허무하고 마음이 아지랑이처럼 실체 없음을
깨닫는다면 그는 능히 꽃대 같은 감각적 쾌락의 화살을 꺾으리니
죽음의 왕도 그를 보지 못한다.
_『법구경』 제46송

부처님과 부처님의 가르침과
승가와 도량을 지켜 주시는 신장님!
신장님의 공덕을 찬탄합니다.
신장님은 물러섬 없는 용기로
부처님의 높은 지혜를 지키고 계십니다.
그 크나큰 용기에 경배하며 지극한 마음으로
공양 올리니, 기쁜 마음으로 받아주시고
부처님 제자들의 맑은 소원 거두어 주소서.

화엄 신장님!
여기 모인 불자들이 부처님의 법을 배우는 데
장애가 없도록 도와주시고, 장애가 생기면

용맹하게 이겨내도록 도와주소서.

여기 모인 불자들이 건강하고 행복하여 덕과 복을
산처럼 지어서 그 복덕을 어려운 이웃에게 골고루
나누어 줄 수 있게 하소서.

여기 모인 불자들이 부모와 형제와 친족을 비롯해
모든 인연과 서로 돕고 화합하여 세상의 평화를
지켜 나가는 참된 일꾼이 되게 하소서.

그리하여 모든 사람이 마침내 부처님의 진실한
뜻을 알게 하소서.

나무 석가모니불

나무 석가모니불

나무 시아본사 석가모니불.

5

정진의 기도

일체 악행을 저지르지 않고
착한 공덕을 힘껏 행하며
자기의 마음을 청정히 하는 것,
이것이 모든 부처님의 가르침이다.

이산혜연 선사 발원문

아름다우나 향기 없는 꽃이 그것을 가진 사람에게 이익을 주지 못하듯
부처님에 의해 잘 설해진 담마도 실천 수행치 않으면 아무 이익이 없다.
_『법구경』제51송

시방삼세 부처님과 팔만사천 큰 법보와 보살성문
스님네께 지성귀의 하옵나니, 자비하신 원력으로
굽어살펴 주옵소서.

저희들이 참된 성품 등지옵고 무명 속에 뛰어들어
나고 죽는 물결 따라 빛과 소리 물이 들고 심술궂고
욕심내어 온갖 번뇌 쌓았으며, 보고 듣고 맛봄으로
한량없는 죄를 지어 잘못된 길 갈팡질팡 생사고해
헤매면서 나와 남을 집착하고 그른 길만 찾아다녀
여러 생에 지은 업장 크고 작은 많은 허물 삼보 전에
원력 빌어 일심참회 하옵나니, 바라옵건대 부처님이
이끄시고 보살님네 살피시어 고통바다 헤어나서

열반언덕 가사이다.

이 세상에 명과 복은 길이길이 창성하고 오는 세상
불법지혜 무럭무럭 자라나서 날 적마다 좋은 국토
밝은 스승 만나오며 바른 신심 굳게 세워 아이로서
출가하여 귀와 눈이 총명하고 말과 뜻이 진실하며
세상일에 물 안 들고 청정범행 닦고 닦아 서리같이
엄한 계율 털끝인들 범하리까. 점잖은 거동으로
모든 생명 사랑하며 이내 목숨 버리어도 지성으로
보호하리.

삼재팔난 만나잖고 불법인연 구족하며 반야지혜
드러나고 보살마음 견고하여 제불정법 잘 배워서
대승 진리 깨달은 뒤 육바라밀 행을 닦아 아승지겁
뛰어넘고 곳곳마다 설법으로 천 겹 만 겹 의심 끊고
마군중을 항복받고 삼보를 뵙사올제 시방제불
섬기는 일 잠깐인들 쉬오리까.

온갖 법문 다 배워서 모두 통달 하옵거든 복과 지혜
함께 늘어 무량중생 제도하며 여섯 가지 신통 얻고
무생법인 이룬 뒤에 관음보살 대자비로 시방세계
다니면서 보현보살 행원으로 많은 중생 건지올제

여러 갈래 몸을 나눠 미묘법문 연설하고 지옥아귀
나쁜 곳에 광명 놓고 신통 보여 내 모양을 보는 이나
내 이름을 듣는 이는 보리마음 모두 내어 윤회고를
벗어나되 화탕지옥 끓는 물은 감로수로 변해지고
검수도산 날 선 칼날 연꽃으로 화하여서 고통받던
저 중생들 극락세계 왕생하며 나는 새와 기는 짐승
원수 맺고 빚진 이들 갖은 고통 벗어나서 좋은 복락
누려지다.

모진 질병 돌 적에는 약풀 되어 치료하고 흉년드는
세상에는 쌀이 되어 구제하되 여러 중생 이익한 일
한가진들 빼오리까. 천 겁 만 겁 내려오던 원수거나
친한 이나 이 세상 권속들도 누구누구 할 것 없이
얽히었던 애정 끊고 삼계고해 벗어나서 시방세계
중생들이 모두 성불하사이다. 허공 끝이 있사온들
이내 소원 다하리까. 유정들도 무정들도 일체종지
이뤄지이다.

나무 석가모니불
나무 석가모니불
나무 시아본사 석가모니불.

정진의 기도

나옹 선사 행선축원문

아침저녁 부처님께 향과 등불 올리옵고
삼보님 전 귀의하여 정성으로 예배하니
나라가 안녕하고 재난은 소멸하며
천하가 태평하여 부처님 법 널리 퍼져
바라옵건대 세세생생 나는 곳 어디서나
언제든 반야지혜 멀리하지 아니하며
용맹하고 지혜롭기는 석가모니 부처님처럼
큰 깨달음 이루기는 노사나 부처님처럼
큰 지혜를 이루기는 문수보살마하살처럼
넓고 큰 실천행은 보현보살마하살처럼
끝없는 큰 서원은 지장보살마하살처럼
서른둘로 몸을 나툰 관음보살마하살처럼

시방세계 곳곳마다 남김없이 몸을 나퉈
모든 중생 교화하여 열반 경지 얻게 하며
나의 이름 듣는 이는 삼악도를 벗어나고
나의 모습 보는 이는 해탈도를 얻게 하소서.
이와 같은 교화를 영겁토록 계속하여
부처니 중생이니 이름조차 없어지게 하소서.
바라옵나니 용과 천신 여덟 종류 신중들이
나를 항상 지켜 주고 옹호해 주시어서
어려운 곳에서도 능히 이겨내게 하며
이와 같은 큰 원 모두 성취하게 하소서.
산문은 고요하여 슬픔근심 끊어지고
도량 안의 모든 재앙 영원히 소멸되며
토지신과 천신용신은 삼보를 보호하고
산신과 국사는 상서롭게 도우시며
미물들도 저 언덕에 오르게 하시고
세세생생 언제나 보살도를 실천하여
마침내 큰 서원 이루어지게 하소서.

나무 석가모니불
나무 석가모니불
나무 시아본사 석가모니불.

정진의 기도

나반존자 발원문

만일 손에 상처가 없으면 독약을 다룰 수 있다. 독약은 상처 없는
사람에게 해를 끼치지 못하기 때문에. 그와 같이 나쁜 행위를 하려는
생각이 없는 사람에게 악행은 붙을 수 없다.
_ 『법구경』 제124송

대자대비 신통자재 나반존자 대성이여
자비하신 존자님께 간절히 아룁니다.
우러러 생각하니 나반존자 대성인의
걸림 없는 그 자취는 그지없이 미묘하고
중생 향한 자비원력 깊고 또 깊을세라
석가세존 부촉받아 반열반에 들지 않고
중생들을 이끌고자 마리산에 머무시며
고요하고 큰 삼매에 어느 때나 드시어라.
또한 다시 보리도량 잠시라도 안 여의고
중생들이 찾는 소리 하나하나 응하시어
사바세계 구석구석 거룩한 몸 나투실새
어떤 사람 정성 들여 공양하고 발원하면

자재하신 신력으로 살피시고 거두시어
구하는 바 다 이루고 원하는 바 원만이라
대자대비 신통자재 나반존자 대성이여
간절히 아뢰오니 굽어살펴 주소서!
대자대비 신통자재 나반존자 대성인은
석가세존 당시에는 빈두로라 이름했네!
부처님의 큰 제자로 부처님의 명을 받아
모든 성인 열반 후에 오직 홀로 남았으니
독성이라 이름하고 나반이라 이름하네!
흰머리와 무릎까지 내려오는 긴 눈썹은
벽지불과 흡사하고 맑은 음성 그윽하니
아육왕도 존자 뵙고 뛸 듯이 기뻐했네.
자씨미륵 올 때까지 말세중생 부촉받아
중생들의 원하는 바 고루고루 응하시며
온갖 고통 없애 주고 즐거움을 베푸시는
사바세계 복전(福田)이신 나반존자 대성이여
저희들의 지극정성 굽어살펴 주소서.

정진의 기도

보살행을 다짐하며

대자대비 부처님!
우러러 살피건대 부처님께서는 대자비 광명으로
온 누리 중생을 비추어 주고 계십니다.
부처님과 부처님 가르침과 승가에 엎드려 예배하며
소박하고 절절한 소망을 아룁니다.

저는 (   )라는 법명을 받아 부처님 법
믿고 따르고 공부하기로 다짐했습니다.
지금까지 삶에서 희망과 용기를 잃지 않았던 것은
부처님 가르침 덕분이었습니다.
부처님의 위대한 가르침에 엎드려 감사드립니다.

만 생명의 스승이신 부처님!
저에게는 스스로 해결하지 못하는 문제가 있습니다.
(   ) 습관입니다.
이것이 나와 남에게 모두 이롭지 않다는 것을
알면서도 종종 같은 실수를 반복합니다.
그리하여 의도치 않게 나와 남을 상처입히고
아프게 만듭니다.

거룩하신 부처님!
이제 저는 자신의 부족함을 바르게 보고 원인을
바로 알아 그것을 없애기 위해 노력하겠습니다.
부처님께서 행복으로 가는 길이라 가르치신
팔정도와 육바라밀을 실천하는 참된 행자가
되겠습니다.
부디 이 어린 제자가 바른길을 걸어갈 수 있도록
힘과 용기와 지혜와 복덕을 주소서.
지금 이 순간부터 생이 다하는 날까지
부처님의 지혜를 조금이나마 터득하기 위해
정진을 거듭하겠습니다.

부처님!
제가 이 발원을 충실히 지키고 따라서

정진의 기도

원만하게 뜻하는 바를 이루게 하소서.
반야바라밀 대광명 속에서 부처님의 가르침대로
자비로운 보살의 삶을 살아갈 것을 다시 한번
엎드려 발원합니다.

나무 석가모니불
나무 석가모니불
나무 시아본사 석가모니불.

계를 받으며

마음은 끝없이 방황하고 홀로 움직이며 실체가 아님에도
어두컴컴한 굴속에 숨는다. 그 마음을 잘 다스려라!
그러면 악마(마라)의 속박으로부터 자유로워질 것이다.
_ 『법구경』 제37송

삼보에 귀의하며 지극한 마음으로
삼보님께 발원합니다.
(   ) 계를 받도록 배려해 주셔서 감사합니다.
이제부터 부처님의 계율을 굳건히 지키겠습니다.
오늘의 공덕을 온 우주 중생들에게 베풀겠습니다.
우리의 세상을 정토로 만들겠습니다.
부처님, 저희의 서원을 섭수하여 주소서.

나무 석가모니불
나무 석가모니불
나무 시아본사 석가모니불.

정진의 기도

참회 기도

일체 악행을 저지르지 않고 착한 공덕을 힘껏 행하며 자기의 마음을
청정히 하는 것, 이것이 모든 부처님의 가르침이다.
_ 『법구경』 제183송

세간의 청정한 길 크게 열어 주시고
거룩한 공덕의 눈으로 밝게 인도해 주시는 부처님!
저희가 참된 성품 등지고 무명 속에 뛰어들어
생사의 고통바다에서 헤매고 있으니
위없는 자비로써 제도하여 주소서.
저희가 미혹하고 어리석어 성 잘 내고 탐욕 부려
많은 잘못을 지었습니다.
이에 서원 깊으신 부처님과 보살님 전에
머리 숙여 참회합니다.

끝없는 공덕의 바다이신 부처님!
저희가 순간순간 미련하고 어리석은 데 빠지지

않게 하소서.
교만하고 진실하지 못한 데 물들지 않게 하고
시기와 질투로 과오를 범하지 않게 하소서.
저희에게 참으로 조금이라도 공덕이 있다면
부처님과 이웃들과 조상님께 감사드립니다.
이 기도와 발원으로 어둠 속의 모든 생명 광명 찾아
새 삶을 살아가며, 온 법계의 중생이 넘치는 공덕
나누기를 바랍니다.

나무 석가모니불
나무 석가모니불
나무 시아본사 석가모니불.

정진의 기도

사경 기도

시방세계 모든 부처님과 보살님께 기원합니다.

오늘 지극한 마음으로 사경을 시작합니다.
백천만겁 지나도 만나기 어려운 부처님 말씀
한 자 한 자 정성껏 쓰고 또 써 내려갑니다.

부처님!
이 경전을 읽고 쓰는 공덕으로
지은 죄업 모두 다 소멸되고
청정한 뜻으로 세운 원은 뜻대로 이루어지게 하소서.
지금 쓰는 이 경전이 미래세가 다하도록 없어지지
않아 후손들이 경전을 보며 환희심을 내고

부처님 법 깊이 믿어서 마침내 모두 성불하기를
두 손 모아 기원합니다.

나무 석가모니불
나무 석가모니불
나무 시아본사 석가모니불.

수련회를 시작하며

불·법·승 삼보에 귀의합니다.
더없이 크고 밝은 뜻을 서원하고자
환희와 희망에 가득 찬 마음으로 기도합니다.

자비로우신 부처님!
이제 저희는 짧은 기간이나마 부처님처럼
살아보고자 수련회에 들어갑니다.
욕심과 성냄과 어리석음의 마음에서 벗어나도록
부처님의 참된 지혜의 말씀 듣게 하소서.
게으름과 무기력에 빠져 알면서도 실천하지 못하는
저희에게 물러섬 없는 정진력을 주소서.

거룩하신 부처님!

바라옵건대, 오늘 수련회에 동참하는 모든 이들이

수련회를 통해 삶의 의미를 새롭게 다지고

진실한 자신을 자각하고 세상을 밝게 보는 눈을

뜨게 하소서.

그리하여 각자의 가슴마다 깨달음의 씨앗을 심어

성불의 열매를 맺게 하소서.

이 땅 위 어느 곳에나 부처님의 지혜와 자비가

항상 충만하게 하소서.

지극한 마음으로 발원합니다.

저희의 귀의와 결의와 서원이 물러나지 않게

하소서.

나무 석가모니불

나무 석가모니불

나무 시아본사 석가모니불.

정진의 기도

수련회를 마치며

오래지 않아 이 몸 흙바닥에 버려지고 마음 또한 어디론가 사라지리.
그때 덧없는 이 몸은 실로 썩은 나무토막보다도 소용없으리.
_『법구경』제41송

온 누리의 스승이신 부처님!
세상에 으뜸가는 지혜를 이루시고 영원한 진리를
사바세계에 펼치시는 부처님 앞에 엎드려 감사와
기쁨의 기도를 올립니다.
부처님의 크신 가르침 따라 하나의 생각도
어긋나지 않고 한 가지 행동도 그릇되지 않는
참다운 불자의 삶 이루고자 시작한 수련회를
마무리합니다.

힘들기도 하고 즐겁기도 하고 행복하기도 했던
지난 시간 동안 어지러운 마음을 가라앉히고
들끓는 욕망을 잠재워서 연꽃처럼 활짝 핀

지혜를 만났습니다.
이 기쁨, 이 행복이 수련회를 마친 이후에도
삶 속에서 계속되게 하소서.
수련회에서 익힌 부처님의 길을
일상에서도 꾸준히 걷게 하소서.
수련회의 굳은 마음을 가슴에 간직하며
거룩하신 부처님 앞에 고개 숙여 서원합니다.

거룩하신 스승 부처님!
당신의 제자로서 쓰다듬어 주소서.
한 가지 마음으로 발원합니다.

나무 석가모니불
나무 석가모니불
나무 시아본사 석가모니불.

정진의 기도

백일(천일) 기도를 시작하며

마치 튼튼하게 이은 지붕에 비가 쉽게 스며들지 못하듯이
굳게 수행된 마음에 탐욕과 갈망은 쉽게 스며들지 못한다.
_『법구경』제14송

위없는 진리로서 영원하고
법성광명으로 자재하신 대자비 부처님!
부처님의 지극하신 가호력에 힘입어 일심으로
발원하니, 자비광명 비추시어 굽어살펴 주소서.

지혜와 복덕 구족하신 부처님!
부처님께서는 저희에게 진정으로 행복해질 수 있는
길을 가르쳐 주셨습니다.
긴 세월 동안 부처님의 가르침 더욱 찬란하게 빛나며
지구촌 곳곳에서 중생의 등불이 되고 있음을
환희롭게 바라봅니다.
그 환희의 마음과 큰 원력을 담아 오늘부터

백일(천일) 기도를 시작합니다.

거룩하신 부처님!
부디 이 기간에 아무리 힘든 난관이 닥치더라도
불보살님을 의지해 다시 일어서게 하소서.
어리석은 생각이 일어날 때마다 부처님의 지혜를
불어넣어 주시고, 욕심이 생길 때마다 부처님의
칼날 같은 계율로 잘라 주시며, 분노가 일어날 때면
부처님의 자비로 용서의 아량을 갖게 하소서.

기도 정진에 함께하는 모든 이들과 그 가족들이
햇살 같은 부처님의 청정위덕으로 나날이
상서를 일으키고, 모든 재난 꿋꿋이 이겨내고,
불자의 대원을 이루게 하소서.
오늘부터 시작하는 이 기도를 원만히 회향하여
부처님 정법이 세상에 영원히 머물고 겨레와
국토를 법성광명으로 빛낼 것을 굳게 서원합니다.

나무 석가모니불
나무 석가모니불
나무 시아본사 석가모니불.

정진의 기도

백일(천일) 기도를 마치며

인류 역사상 가장 위대하신 부처님과
지혜의 등불인 가르침과 등불을 지키는
승가에 귀의합니다.

지혜와 복덕을 구족하신 부처님!
오늘 백일(천일) 기도 회향을 앞두고 있습니다.
백일(천일) 동안 날마다 기도한다는 것이
결코 쉬운 일은 아니었습니다.
때로는 그만두고 싶을 때도 있었지만
부처님 가르침에 한 걸음 더 다가간다는 마음으로
끝까지 기도할 수 있었습니다.
미혹한 저희를 일깨워 주고 이끌어 주신 데

참으로 감사드리며 부처님 전에 두 손 모아
간절하게 발원합니다.

부처님!
그동안 욕심내지 말자고 다짐했지만
가끔 부질없는 욕심을 부렸습니다.
어리석은 마음으로 화를 내고 욕심냈던
모든 순간을 부처님 전에 엎드려 참회합니다.
오늘 기도를 회향하더라도 부처님 법 공부를
게을리하지 않겠습니다.
부처님께 받은 계율을 철저히 지키겠습니다.
선정 수행을 꾸준히 하여 마음을 차분히 가라앉히고
결코 성내는 마음을 일으키지 않겠습니다.
몸과 마음과 느낌과 대상을 알아차려서 욕심내는
마음을 일으키지 않겠습니다.
내 것이 따로 없고 영원한 것도 없으며
모든 것은 서로 연결되어 있음을 알고
어리석은 마음을 일으키지 않겠습니다.

세상의 모든 것을 두루 아시는 부처님!
이렇게 서원하는 마음이 뒤로 물러서려 할 때마다
저희를 채찍질해 주소서.

정진의 기도

힘든 일이 있을 때마다 불보살님을 의지해
다시 일어설 수 있게 하소서.
어리석은 생각이 일어날 때마다
부처님의 지혜를 불어넣어 주소서.
욕심이 생길 때마다 부처님의 칼날 같은
계율로 잘라 주소서.
분노가 일어날 때마다 부처님의 자비로
용서의 아량을 갖게 하소서.

대자대비하신 부처님!
부디 저희가 모든 문제를 원만하게 해결할 수 있는
지혜와 용기를 갖게 하소서.
먼저 용서하고 먼저 용서 빌고 먼저 사과할 수 있는
아량을 갖게 하소서.

지금까지 기도에 함께한 모든 이들의 앞날에
항상 부처님의 가피가 함께하기를 기원하며
기도의 공덕이 저희와 저희 가족과 어려운 이웃과
모든 생명의 행복과 함께하기를 소망합니다.
부처님 가르침이 세상에 영원히 머물고
온 세계가 불국토가 되는 날까지 정진하겠습니다.

나무 석가모니불

나무 석가모니불

나무 시아본사 석가모니불.

정진의 기도

하안거를 시작하며

몸이 더럽고 허무하다는 진실에 마음을 집중하여 오관을 잘 다스리고
음식을 절제하며 신심이 충만하여 밤낮으로 정진하는 수행자는 마라도
감히 어찌하지 못한다, 마치 폭풍이 큰 바위를 흔들지 못하듯이.
_『법구경』제8송

대자대비 석가모니 부처님!
일찍이 부처님께서는 만물이 생동하는 장마철에
여러 곳을 돌아다니며 수행하는 일을 삼가고
일정 장소에서 수행 정진하셨습니다.
이는 수행자가 안거를 통해 마음을 쉴 수 있게 한
배려이자 의도치 않게 생명을 해치는 일을
예방하기 위한 자비심의 발로였습니다.

대자대비 부처님!
거룩한 자비광명 속에 부처님께서 한곳에 머물며
정진하셨던 것을 모범으로 삼아 오늘부터 3개월 동안
여름 안거를 시작합니다.

들끓는 마음을 가라앉히고 차분하게 정진하며
기도할 것을 서원합니다.
무덥고 습하여 가만히 쉬기도 힘든 이 계절에
정진에 들어가는 이들에게 힘과 용기와 지혜를
베풀어 주소서.

거룩하신 부처님과 보살님!
안거 정진을 통해 수행 의지를 더욱 굳건히 하여
불보살님 경지에 조금이나마 가까이 가고자 합니다.
이를 위해 안거 중에 최소 한 가지 이상의
실천 덕목을 정하여 꾸준히 실천할 것을 서원합니다.
스스로 다짐한 그 서원을 굳건히 지킬 수 있도록
불퇴전의 용기와 정진력을 주소서.
더불어 기도와 정진의 공덕이 온 세계의 평화와
모든 생명의 행복과 세상의 모든 어려운 이들과
함께하기를 기원합니다.

나무 석가모니불
나무 석가모니불
나무 시아본사 석가모니불.

정진의 기도

하안거를 마치며

어리석은 자들은 목숨에 끝이 있음을 알지 못하고 무의미한 다툼을
계속한다. 그러나 현자는 이 사실을 알아 모든 다툼을 쉬어 버린다.
_『법구경』제6송

대자대비 석가모니 부처님!
3개월 전 부처님의 안거 정진을 모범으로 삼아
시작했던 여름 안거를 마무리합니다.
그동안 스스로 세웠던 서원을 얼마나 잘 실천했는지
돌아보며 부족했던 점을 반성하고 참회합니다.

거룩하신 부처님!
하루하루 끊임없이 부처님을 닮아가기 위해
노력했지만 근기와 용기와 힘이 부족해
부처님의 가르침을 꾸준하게 실천하지 못했습니다.
비록 오늘로 안거는 끝이 나지만
결코 정진을 멈추지 않겠습니다.

일상에서 부처님의 가르침을 잊지 않고 실천할 수
있도록 불퇴전의 용기와 정진력을 주소서.
더불어 기도와 정진의 공덕이 온 세계의 평화와
모든 생명의 행복과 세상의 모든 어려운 이들과
함께하기를 기원합니다.

나무 석가모니불
나무 석가모니불
나무 시아본사 석가모니불.

정진의 기도

동안거를 시작하며

비록 많은 경을 독송할지라도 게을러 수행하지 않으면 마치 남의 목장의
소를 세는 목동과 같나니, 수행자로서 아무런 이익이 없다.
_『법구경』제19송

대자대비 석가모니 부처님!
넓고 깊은 지혜와 한량없는 자비로
모든 중생을 두루 깨우치고 어루만져 주시는
부처님의 가없는 은혜에 깊이 감사드립니다.
일찍이 부처님께서는 만물이 생동하는 장마철에
여러 곳을 돌아다니며 수행하는 일을 삼가고
일정 장소에서 수행 정진하셨습니다.
이는 수행자가 안거를 통해 마음을 쉴 수 있게 한
배려이자 의도치 않게 생명을 해치는 일을
예방하기 위한 자비심의 발로였습니다.

대자대비 부처님!

거룩한 자비광명 속에 부처님께서 한곳에 머물며
정진하셨던 것을 모범으로 삼아 오늘부터 3개월 동안
겨울 안거를 시작합니다.
들끓는 마음을 가라앉히고 차분하게 정진하며
기도할 것을 서원합니다.
살을 에는 추위와 바람에도 정진에 들어가는
이들에게 힘과 용기와 지혜를 베풀어 주소서.

거룩하신 부처님과 보살님!
안거 정진을 통해 수행 의지를 더욱 굳건히 하여
불보살님 경지에 조금이나마 가까이 가고자 합니다.
이를 위해 안거 중에 최소 한 가지 이상의
실천 덕목을 정하여 꾸준히 실천할 것을 서원합니다.
스스로 다짐한 그 서원을 굳건히 지킬 수 있도록
불퇴전의 용기와 정진력을 주소서.
더불어 기도와 정진의 공덕이 온 세계의 평화와
모든 생명의 행복과 세상의 모든 어려운 이들과
함께하기를 기원합니다.

나무 석가모니불
나무 석가모니불
나무 시아본사 석가모니불.

정진의 기도

동안거를 마치며

평생을 꾸준히 정진하여 모범이 되어 주신
석가모니 부처님께 귀의합니다.
길고도 추운 겨울이 끝나가는 시점에 3개월간의
겨울 안거 정진을 마무리합니다.
그동안 스스로 세웠던 서원을 얼마나 잘 실천했는지
돌아보며 부족했던 점을 반성하고 참회합니다.

대자대비 부처님!
오늘 안거를 회향하며 다시 한번 발원합니다.
그동안 거룩하신 부처님의 가르침을 온전하게
받들고 실천하고자 노력했습니다.
비록 근기가 낮고 미혹하여 가르침을 온전하게

익히고 실천하지 못했지만 앞으로 꾸준히
기도 정진하여 부처님의 가르침과 더욱 깊은
인연을 맺도록 도와주소서.
오늘로 안거는 끝이 나지만
결코 정진을 멈추지 않겠습니다.
일상에서 부처님의 가르침을 잊지 않고 실천할 수
있도록 불퇴전의 용기와 정진력을 주소서.
더불어 기도와 정진의 공덕이 온 세계의 평화와
모든 생명의 행복과 세상의 모든 어려운 이들과
함께하기를 기원합니다.

나무 석가모니불
나무 석가모니불
나무 시아본사 석가모니불.

정진의 기도

6

법회
기도

지혜로운 사람은
담마를 잘 새겨들어
깊고 맑고 고요한 호수와도 같이
자기 마음을 조용하게 한다.

일요법회

🌾
현명한 이는 근면과 자제와 절제로써 섬(의지처)을 만든다.
어떤 홍수도 휩쓸어가지 못하는 섬을.
_『법구경』 제25송

지혜의 등불을 밝히신 부처님!
거룩하신 부처님과 위대하신 가르침과
승가에 귀의합니다.
오늘 부처님의 가르침을 받들고자
일요법회를 봉행합니다.

부처님!
현대인의 삶은 참으로 바쁘고 고단합니다.
그리고 온갖 유혹들이 넘쳐납니다.
그리하여 지친 몸과 마음이 게을러지기 쉽고
달콤한 유혹에 빠져 정진에 몰두하지 못하는
경우가 많습니다.

법회 기도

지난날을 참회하며 오늘 법회를 통해
새롭게 의지를 다집니다.

세상을 두루 아시는 부처님!
아무리 바쁘고 힘들어도 꾸준히
법회에 동참하겠습니다.
매 순간 부처님 가르침을 공부하고 실천하는
불자가 되겠습니다.
오늘 이 자리에 동참한 모든 이들에게
크나큰 가피와 정진력을 주소서.
부처님께 받은 계율을 굳건히 지키고
마음을 항상 평안하게 하며, 매 순간 자신의
몸과 느낌과 마음과 대상을 알아차리게 하소서.
또한 뜻하는 바대로 모든 일을 성취하게 하시고
그 성취를 모든 중생을 위한 보살행으로
회향하게 하소서.

나무 석가모니불
나무 석가모니불
나무 시아본사 석가모니불.

초하루법회

게으름을 두려워하는 수행자는 부지런함을 기뻐하며 수행의 장애들을
제거하여 분발한다. 마치 불길이 크고 작은 것들을 모두 태워버리듯이.
_『법구경』 제31송

인류 역사상 가장 위대하신 부처님과
부처님의 가르침과 청정한 승가에 귀의합니다.

오늘은 새로운 한 달이 시작되는 날입니다.
지난 세월 욕심과 성냄과 어리석음으로 지은
업장을 지극한 마음으로 참회하며
부처님의 가르침을 되새기면서 생업과 가족과
이웃과 사회를 위해 기도합니다.
이번 한 달도 저희 삶이 순조롭기를, 온 세상이
평화롭기를, 이웃과 가족과 사회가 화합하기를,
나라와 나라 사이에 전쟁이 없기를 소망합니다.

세간의 등불이신 부처님!
부처님 전에 지극한 마음으로 예배하며
간절한 마음으로 서원합니다.
부처님께 받은 계율을 굳건히 지켜
바르게 생활하겠습니다.
부처님께 배운 선정 수행을 생활화하여
마음을 항상 고요하게 지키겠습니다.
부처님의 경전을 공부하여 지혜를 쌓겠습니다.

바라옵건대, 이 서원이 뜻대로 성취되어
그 공덕을 이웃과 세상을 위해 회향하게 하소서.
더불어 오늘 초하루법회에 동참한 이들의 가족과
가정이 항상 화목하고 건강하며, 만나는 인연마다
복덕이 되고, 가는 길마다 행복의 길이 되게 하소서.

나무 석가모니불
나무 석가모니불
나무 시아본사 석가모니불.

약사재일법회

❦
내가 오는 세상에서 보리를 증득하면, 신체가 불완전하고 치료가 어려운
병고가 있는 어떤 중생이건, 나의 이름을 듣는 이는 모두 신체도 완전해지고
병고도 없어지게 하리라.
_『약사유리광여래본원공덕경』

인류 역사상 가장 위대하신 부처님과
부처님의 가르침과 청정한 승가에 귀의합니다.

지난 세월 욕심과 성냄과 어리석음으로 지은
업장을 지극한 마음으로 참회하며
오늘 약사재일을 맞아 약사여래 부처님께
병고에 시달리는 모든 중생을 치료해 주시길
기도합니다.

모든 중생의 병고를 치유하시는 약사여래 부처님!
부처님께서 보살도를 행하실 때
이렇게 서원하셨습니다.

"내가 오는 세상에서 보리를 얻었을 때
만약 어떤 중생이라도 중병에 시달리고,
도움받을 이도 돌아갈 곳도 없고, 의원도 약도 없고,
친척도 가족도 없더라도 나의 명호가 한 번이라도
그의 귀를 스치면 병이 다 사라져서 심신이 안락하고
살림이 풍족해지며 나아가 위없는 보리를 증득하게
하리라."

부처님의 보살행에 엎드려 예배하며
간절하고 지극한 마음으로 발원합니다.
지금 세상에는 병고에 시달리며 고통받는 사람,
굶주림에 허덕이는 사람이 많습니다.
간절히 바라옵건대, 병고에 시달리는 중생들을
굽어살펴 구원해 주소서.

대의왕이신 부처님!
부족한 덕행에도 건강하게 발원할 수 있도록
보살펴 주신 부처님 은혜에 감사드립니다.
약사여래 부처님의 자비행을 본받아 질병과
굶주림에 시달리는 사람들을 위해 보시하겠습니다.
이를 위해 평소에 욕심 버리는 수행을 게을리하지
않으며 작은 것 하나라도 나누겠습니다.

도움이 필요한 이들에게 달려가 봉사하겠습니다.
이를 위해 평소에 인욕바라밀을 실천하겠습니다.
어려운 이웃들의 마음에 평화를 심어 주도록 항상
친절하고 미소 지으며 위로가 되는 말을 하겠습니다.
이를 위해 평소에 화내지 않는 수행을 게을리하지
않겠습니다.
모든 행동이 보살행이 되도록 열심히 노력하면서도
인정과 대가를 바라지 않겠습니다.

바라옵건대, 이 서원이 뜻대로 성취되어
그 공덕을 이웃과 세상을 위해 회향하게 하소서.
더불어 오늘 약사재일법회에 동참한 이들의 가족과
가정이 항상 화목하고 건강하며, 만나는 인연마다
복덕이 되고, 가는 길마다 행복의 길이 되게 하소서.

나무 약사여래불
나무 약사여래불
나무 약사유리광여래불 .

지장재일법회

비구가 되기는 어려운 일, 비구가 되었어도 수행하여 행복하기는
어려운 일. 어려운 가정생활은 괴로운 일, 마음이 같지 않은 사람과 함께
살기는 더욱 괴로운 일. 생사윤회는 끝없는 고통의 연속, 생사윤회를
벗어나라. 고통의 대상이 되지 않도록.
_『법구경』 제302송

인류 역사상 가장 위대하신 부처님과
부처님의 가르침과 청정한 승가에 귀의합니다.

지난 세월 욕심과 성냄과 어리석음으로 지은
업장을 지극한 마음으로 참회하며
오늘 지장재일을 맞아 먼저 세상을 떠난 조상,
형제자매, 자녀, 친지, 친구들의 극락왕생을 기원합니다.
또한 여전히 세상을 떠돌고 있는 수많은 영가를 위해
기도합니다.

세간의 등불이신 부처님!
부처님을 대신해 지옥에 한 명의 중생이라도

있으면 성불하지 않고 끝까지 제도하리라
서원을 세우신 지장보살님!
부처님과 지장보살님 전에 지극한 마음으로 절하며
간절한 마음으로 발원합니다.
먼저 세상을 떠난 부모님을 비롯한 조상들과
모든 인연을 위해 부처님의 가르침을 바르게
전할 수 있도록 지혜와 방편을 주소서.
이를 위해 누구보다 먼저 부처님의 가르침을 배우고
실천할 것을 굳게 서원합니다.

부처님께 받은 계율을 굳건히 지켜
바르게 생활하겠습니다.
그 공덕을 먼저 떠난 이들에게 바쳐
그들이 이 세상에 대한 집착을 버리고
좋은 곳으로 가기를 기원합니다.
부처님께 배운 선정 수행을 생활화하여
마음을 항상 고요하게 지키겠습니다.
그 공덕을 먼저 떠난 이들에게 바쳐
그들이 좋은 세상으로 가 지극히 평안하고
행복하기를 기원합니다.
부처님의 경전을 공부하여 지혜를 쌓겠습니다.
그 공덕을 먼저 떠난 이들에게 바쳐

법회 기도

그들이 어리석음의 어둠에서 벗어나
밝은 지혜의 눈을 뜨기를 기원합니다.
바라옵건대, 이 서원이 뜻하는 바대로 성취되어
그 공덕을 이웃과 세상을 위해 회향하게 하소서.
더불어 오늘 지장재일법회에 동참한 이들의 가족과
가정이 항상 화목하고 건강하며, 만나는 인연마다
복덕이 되고, 가는 길마다 행복의 길이 되게 하소서.

나무 석가모니불
나무 석가모니불
나무 시아본사 석가모니불.

관음재일법회

❦
모진 고난 험한 역경 처해 있을 때 관세음보살을 일심으로 불러 찾으면
관세음보살은 위대한 신통력으로 소리 듣고 고통에서 구원하신다.
_『묘법연화경』「관세음보살보문품」

인류 역사상 가장 위대하신 부처님과
부처님의 가르침과 청정한 승가에 귀의합니다.

지난 세월 욕심과 성냄과 어리석음으로 지은
업장을 지극한 마음으로 참회하며
오늘 관음재일을 맞아 관세음보살님께
이 세상에서 고통받는 모든 중생의 아픔을
치유해 주시길 기도합니다.

세간의 모든 것을 아시는 부처님!
천 개의 눈으로 세상을 살피시고 천 개의 손으로
중생의 아픔을 어루만지시는 관세음보살님!

부처님과 관세음보살님 전에 지극한 마음으로
절하며 간절한 마음으로 발원합니다.
한마음으로 소리 높여 부르거나 정성으로 공경하며
예배하면 모든 소원이 이루어진다고 말씀하셨던
관세음보살님의 은혜에 감사드립니다.
부족하나마 저희도 관세음보살님을 닮아갈 것을
서원합니다.

세상의 어려운 이들을 위해 보시하며 살겠습니다.
이를 위해 평소에 욕심 버리는 수행을 게을리하지
않겠습니다.
도움이 필요한 이들에게 달려가 봉사하겠습니다.
이를 위해 평소에 인욕바라밀을 실천하겠습니다.
많은 사람에게 기쁨과 평화를 줄 수 있도록 항상
친절하고 미소 지으며 위로가 되는 말을 하겠습니다.
이를 위해 평소에 화내지 않는 수행을 게을리하지
않겠습니다.
모든 행동이 보살행이 되도록 열심히 노력하면서도
인정과 대가를 바라지 않겠습니다.

부처님! 관세음보살님!
오늘 관음재일을 맞아 보살의 삶을 살아가기를

서원하는 저희의 기도가 뜻하는 바대로 성취되어
그 공덕을 이웃과 세상을 위해 회향하게 하소서.
더불어 오늘 관음재일법회에 동참한 이들의 가족과
가정이 항상 화목하고 건강하며, 만나는 인연마다
복덕이 되고, 가는 길마다 행복의 길이 되게 하소서.

나무 석가모니불
나무 석가모니불
나무 시아본사 석가모니불.

어린이법회

🌾
지혜로운 사람은 담마를 잘 새겨들어 깊고 맑고 고요한
호수와도 같이 자기 마음을 조용하게 한다.
_『법구경』 제82송

사랑하는 부처님!
저희는 오늘 맑고 밝은 마음으로
부처님 앞에 모였습니다.
저희의 마음을 샘물처럼 맑게 하고
햇빛처럼 밝게 하시는 부처님,
참으로 감사합니다.

가끔은 부처님의 가르침을 잊고 지냈습니다.
욕심내고 투정 부리고 질투했습니다.
조그만 일에도 화를 냈습니다.
내 것을 지키려고 친구들에게 양보하지 않았습니다.
이 모든 허물 머리 숙여 반성합니다.

앞으로 부처님의 가르침에 따라 착하고
슬기로운 어린이가 되겠습니다.
살아 있는 모든 것을 아끼고 사랑하고
부모님께 효도하고 스승님을 공경하며
나보다 약한 친구들과 이웃을 도와주는
용감한 어린이가 되겠습니다.
부처님의 밝은 빛 속에서 지혜롭고 용감하고
씩씩하게 자라나겠습니다.

부처님께 귀의합니다.
부처님께 귀의합니다.
우리들의 스승 부처님께 귀의합니다.

중학생법회

덕 높은 사람은 모든 집착을 포기하고 마음을 고요히 하며 감각적
쾌락에 빠지지 않는다. 지혜로운 사람은 즐거움이나 슬픔을 당하여도
날뛰거나 좌절을 보이지 않는다.
_『법구경』 제83송

거룩하신 부처님!
부처님과 부처님의 가르침과 승가에 귀의합니다.

오늘 중학교 학생들이 부처님 앞에 모였습니다.
우리나라 중학생은 학교와 학원을 오가며
부지런히 공부하느라 아주 바쁩니다.
그래서 부처님 가르침을 배우기 위해 매번
법회에 동참하기가 힘듭니다.

자비로우신 부처님!
부디 저희와 부모님과 사회에 진정으로 중요한 일이
무엇인지 가르쳐 주십시오.

부처님의 가르침을 알고 실천하는 것이야말로
진정한 행복의 길임을 알게 해 주십시오.
부처님의 가르침을 믿고 실천함으로써
학교 공부도 더 잘할 수 있게 해 주십시오.

오늘 이 법회와 기도의 공덕으로 가족과 선생님과
친구들이 모두 행복하고 건강하기를 기원합니다.

나무 석가모니불
나무 석가모니불
나무 시아본사 석가모니불.

고등학생법회

거룩하신 부처님!
부처님과 부처님의 가르침과 승가에 귀의합니다.

오늘 고등학교 학생들이 부처님 앞에 모였습니다.
우리나라 고등학생들은 치열한 대학교 입시 준비로
아주 바쁩니다.
그래서 부처님 가르침을 배우기 위해 매번
법회에 동참하기가 힘듭니다

자비로우신 부처님!
부디 저희와 부모님과 사회에 진정으로 중요한 일이
무엇인지 가르쳐 주십시오.

부처님의 가르침을 알고 실천하는 것이야말로
진정한 행복의 길임을 알게 해 주십시오.
부처님의 가르침을 믿고 실천함으로써
학교 공부도 더 잘할 수 있게 해 주십시오.

오늘 이 법회와 기도의 공덕으로 가족과 선생님과
친구들이 모두 행복하고 건강하기를 기원합니다.

나무 석가모니불
나무 석가모니불
나무 시아본사 석가모니불.

청소년법회

거룩하신 부처님!
지극한 마음으로 부처님과 부처님의 가르침과
승가에 귀의합니다.

오늘 청소년 학생들이 부처님 앞에 모였습니다.
우리나라 청소년들은 대학교 입시와 사회 진출을
준비하느라 아주 바쁩니다.
그래서 부처님의 가르침을 배우기 위해 매번
법회에 동참하기가 힘듭니다.

자비로우신 부처님!
부디 저희와 부모님과 사회에 진정으로 중요한 일이

무엇인지 가르쳐 주십시오.
부처님의 가르침을 알고 실천하는 것이야말로
진정한 행복의 길임을 알게 해 주십시오.
부처님의 가르침을 믿고 실천함으로써
학교 공부도 더 잘할 수 있게 해 주십시오.
대학교 진학이든 사회 진출이든 자신만의 길에서
행복을 누릴 수 있음을 증명해 주십시오.

오늘 이 법회와 기도의 공덕으로 가족과 선생님과
친구들이 모두 행복하고 건강하기를 기원합니다.

나무 석가모니불
나무 석가모니불
나무 시아본사 석가모니불.

청년법회

게으름을 두려워하는 수행자는 뒤로 물러서지 않는
부지런함으로 진정한 평화에 가까워진다.
_『법구경』 제32송

영원한 스승이신 부처님!
인류 역사상 가장 위대하신 부처님께 예경하며
오늘 청년 불자들이 부처님의 가르침을 받들고자
한자리에 모였습니다.
지난 세월 욕심과 성냄과 어리석음으로 지은
업장을 지극한 마음으로 참회합니다.

지혜와 복덕을 구족하신 부처님!
부처님께서는 젊은 날 진취적인 기상으로
위험천만한 출가의 길에 들어섰습니다.
출가의 길에서 작은 성취에 만족하지 않았으며
처음 가졌던 원력을 향해 끝까지 정진하는 삶을

살다 가셨습니다.
부처님의 삶과 가르침을 지침으로 삼아
저희도 부처님처럼 모험하고 도전하는 정신으로
살아가도록 힘과 용기를 주소서.
저희를 비롯해 방황하는 모든 젊은이가 가야 할
길을 환희 밝혀 주소서.
부처님의 자비광명을 따라가며 어떠한 어려움이
닥친들 모든 생명의 행복을 위한 보살행을 잊지
않겠습니다.
거룩하신 부처님 전에 쉼 없는 보살행으로
'청년 붓다의 길'을 가려는 저희의 염원을 모아
지극한 마음으로 서원합니다.

나무 석가모니불
나무 석가모니불
나무 시아본사 석가모니불.

거사법회

✤

펄떡이며 날뛰는 마음은 보호하기 어렵고 단속하기 어렵지만 현명한
이는 올곧게 만든다. 마치 화살 만드는 자가 화살을 그리하듯이.
_『법구경』 제33송

인류의 위대한 스승이신 부처님!
부처님의 가르침을 받들고자 거사들이 모였습니다.
부처님의 가르침이 인류 역사에 우뚝 서기까지
거사들의 힘이 컸습니다.
부처님께서 육신으로 이 세상을 제도하실 때
거사들이 앞장서서 부처님 가르침을 배우고
실천했습니다.
그 전통을 이어받아 저희도 부처님의 가르침을
배우고 세상에 알리는 데 앞장서겠습니다.

거룩하신 부처님!
오늘 법회를 기하여 발원합니다.

부처님처럼 자비롭게 살겠습니다.
부처님께서 평생 한 번도 자비심을 놓지 않으셨듯
저희도 자비심을 실천하는 데 목숨 바치겠습니다.
부처님처럼 성실하게 살겠습니다.
"방일하지 말고 해야 할 바를 성취하라"라고 하셨던
부처님의 마지막 당부 말씀을 새기며 성실한
자세만이 진정한 구원의 길임을 믿겠습니다.
부처님처럼 수행하여 마음을 고요히 하겠습니다.
바쁜 현대인의 마음은 조금만 방심해도 이리저리
들끓기 마련입니다.
부처님처럼 선정 수행을 일상화해 마음을 고요히
하고 어떤 일에도 성내는 마음을 내지 않겠습니다.
몸과 느낌과 마음과 대상을 항상 알아차려서
지혜를 계발하겠습니다.
알아차림은 마음으로 짓는 업을 바르게 인도하고
말과 몸으로 짓는 악업을 예방해 줍니다.
몸과 말과 뜻으로 짓는 업을 예민하게 알아차려서
부처님의 지혜에 더 가까이 다가가겠습니다.

세간의 모든 것을 속속들이 꿰뚫어 보시는 부처님!
저희의 마음속에 조금이라도 탐욕이 있으면
일깨워 주소서.

조금이라도 성냄이 있으면 알아차리게 하소서.
어리석음이 있으면 세찬 채찍질로 깨우치게 하소서.
오늘의 서원이 세상 모든 중생을 이롭게 하는
보살행으로 이어지며 결코 물러서지 않게 하소서.

나무 석가모니불
나무 석가모니불
나무 시아본사 석가모니불.

가족법회

🌾

마음은 쉼 없이 바뀌며 다스리기 어려운 것, 어느 곳이건 구하는
곳에 쉽게 머문다. 마음을 다스리는 것은 진정으로 훌륭한 것,
잘 다스린 마음이 행복을 가져온다.

_『법구경』 제35송

자애로우신 부처님!
여기 오랜 인연으로 만난 여래의 아들딸이
한자리에 모였습니다.
이렇게 모여 마음 모아 합장하고 기도할 수 있도록
은혜를 베풀어 주신 크나큰 자비에 감사드립니다.

저희 가족은 항상 바른 마음으로 삼보를 믿고
부처님의 가르침을 따르고자 합니다.
부디 저희 가족이 진정한 법의 형제라는 인연에
눈 뜨고, 가정이란 곧 서로의 심성을 닦아가는
수행 도량임을 알게 하소서.
언제나 옳고 바른 일이 이루어져 모두가 보살의

길에 들고, 서로 믿고 양보하며 참는 덕행을
배우게 하소서.
언제나 자애로운 미소를 띠고 서로가 서로를
사랑으로 이해하는 복된 가정이 되게 하소서.

인자하고 지혜로우신 부처님!
저희 가족을 보호하시어 모두가 부처님 법을
깨닫고 지키고 전하게 하소서.
거룩하신 부처님과 보살님께 귀의하며
간절한 마음으로 기도합니다.

나무 석가모니불
나무 석가모니불
나무 시아본사 석가모니불.

법등법회

• 광덕 스님 '법등가족 모임 발원문'을 각색함.

🌾

산 위의 큰 바위가 바람에 흔들리지 않듯이 지혜로운 사람은
칭찬과 비방 때문에 평정을 잃지 않는다.
_『법구경』 제81송

대자대비 부처님의 무애 위신력이 찬란한 광명으로
한 사람 한 사람과 온 누리를 감싸고 있는 이 순간에
저희 바라밀 형제들은 일심정성을 기울여 삼보님
전에 합장합니다.
오늘 (   ) 법등이 전법 수행과 불자 행지를
연마하기 위해 특별 모임을 가지게 되었습니다.

대자대비 부처님, 거듭 무애 대자대비 광명으로
저희를 가호하여 주소서.
오늘 모임이 부처님의 큰 뜻을 더욱 바르고 참되게
받들며, 저희를 이끌어 주시는 스님들의 지도를
더욱 착실히 받드는 시간이 되게 하소서.

전법오서(傳法五誓)의 신념은 나날이 견고히 하고,
빛나는 지혜와 따사로운 자비심은 더욱 자라나게
하며, 바라밀의 청정한 복덕의 위신력이 넘쳐나
가정과 사업과 나라의 안녕과 번영이 나날이
성숙되게 하소서.

자비로우신 부처님!
오늘 이 모임에 대자비의 가피를 더해 주소서.
그리하여 가족과 이웃에게 법과 행복을 전하며
법의 광명을 밝히려는 저희의 발원에 더욱 큰
지혜와 힘이 생기게 하소서.
이 발원이 지극히 너그러우신 부처님의 대비원력에
섭수되어 이미 그 안에 있음을 믿습니다.

아울러 바라옵건대, 오늘 이곳에 모인 이들의 가정에
부처님의 특별한 자비 위신력이 함께하시어
이들 가정이 화목하고 가업이 흥성하며 일체장애를
이겨내 청정원이 원만히 성취되게 하소서.

나무 석가모니불
나무 석가모니불
나무 시아본사 석가모니불.

방생법회

🌾

살아 있는 모든 것은 다 행복하라. 마치 어머니가 목숨을 걸고 외아들을
지키듯이, 모든 살아 있는 것에 대해서 한량없는 자비심을 발하라.
_『숫타니파타』 「자애경」

성인 중의 성인이신 부처님!
시작함이 없는 세상에서 끝없는 세상에 이르기까지
온 누리에 충만하신 부처님을 향해
미혹한 중생들이 부처님의 경지에 들게 하소서.
바라옵건대, 구국안민의 국민정신을 선도해 온
호국불교가 본래 면목을 되찾도록 굽어살펴 주소서.
이 청정도량에서 국가와 가정을 위한 방생대법회를
봉행함에 있어 우리 사부대중은 지혜와 자비를
구족하신 부처님께 지극한 마음으로 귀의하며
지성으로 발원합니다.

지금 우리 주위에는 가난에 처해 있거나

병고로 시름하는 이들이 많습니다.
이들의 아픔을 함께 나누며, 생명의 존엄성과
자비심을 일깨워 다 함께 이타행을 수행할 수
있도록 결의를 다집니다.
더불어 하나의 통일국가를 이루지 못하고 있는
우리 겨레와 이산가족들의 아픔을 보듬어 주시고
하루 빨리 평화통일이 성취될 수 있도록 가없는
힘과 지혜를 주소서.
부처님 위신력의 가피로 다시는 이 땅에 외침과
내환이 없게 하시고, 모든 부조리와 사회악이
말끔히 사라져 상부상조하고 협동봉사하는 세상이
되어 정의로운 사회가 구현되도록 하소서.
지극한 마음으로 발원합니다.

나무 석가모니불
나무 석가모니불
나무 시아본사 석가모니불.

세알법회

🌾

생계가 청정하고 게으르지 않은 도반을 가까이하라. 조화롭게 살며
해야 할 바를 힘써 행하면 기쁨이 넘치고 괴로움의 끝에 이르리라.
_『법구경』 제376송

또 한 해가 밝았습니다.
지난해에는 참으로 많은 일이 있었습니다.
기쁜 일도 있었고 슬픈 일도 있었으며
좋은 일도 있었고 안타까운 일도 있었습니다.
그 모든 일을 통과하여 오늘 여기 모였습니다.
신년의 새로운 서원을 가슴에 새기면서 정성을
기울여 합장하고 머리 숙여 부처님 자비광명에
예경합니다.

대자대비 부처님!
오늘 새해 첫날 세알법회에 동참한 제자들이
부처님의 지극하신 가피력에 힘입어 일심으로

발원합니다.

바라옵건대, 자비광명 비추시어 굽어살펴 주소서.

이제 저희는 희망에 찬 새해를 맞이하며

밝은 얼굴과 말로 바라밀의 창조력을 실현하고

세계의 어둠과 불안과 고난을 물리치고

온 세상이 함께 행복해질 길을 찾아가는

보살이 되고자 서원합니다.

새해에도 부처님 도량을 아름답게 가꾸고

부처님 법을 널리 전하기 위해 최선을 다하겠습니다.

부디 저희에게 부처님의 지혜와 법력을 주소서.

부처님의 자비심을 배우겠습니다.

부처님의 성실한 삶을 배우겠습니다.

부처님의 선정 수행을 배우겠습니다.

부처님의 알아차림을 배우겠습니다.

부처님의 보살행을 실천하겠습니다.

아울러 바라옵건대, 오늘 세알법회에 동참한

일체대중에게 각별한 은혜 베풀어 주시고

이 수승한 인연 공덕으로 어느 때나 불보살님의

크신 위신력과 함께하고 있음을 깨닫게 하소서.

지혜와 복덕 구족하신 부처님!
먼저 세상을 떠난 부모님과 조상들은 모두
극락왕생하고, 가족과 친척들과 친구들은
평안하며, 전 인류가 일체재난을 슬기롭게
극복하게 하소서.
병고 중에 있는 이는 즉시 쾌차하고
학업을 닦는 이는 빛나는 지혜를 발현하게 하소서.
그리하여 마침내 위없는 깨달음 이루어
부처님의 크신 은혜 갚게 하소서.

나무 석가모니불
나무 석가모니불
나무 시아본사 석가모니불.

송년법회

한없이 자비로우신 부처님!
또 한 해가 저물어갑니다.
다사다난했던 한 해를 보내며
지난 시간을 돌이켜 봅니다.

지혜와 복덕을 함께 갖추신 부처님!
한 해를 보내면서 생각해 보니 어려울수록 더욱
좋은 인연이 많았음을 깨닫습니다.
특별히 (   ) 일에 도움을 준
(   )에게 감사합니다.
더불어 한 해 동안 함께해 준 모든 귀한 인연에
감사하며 두 손 모아 발원합니다.

연말연시 성찰의 시간을 충분히 가지어
새해에는 부처님 가르침을 여법하게 실천하겠습니다.
새해에는 부처님의 계율을 늘 마음에 새기고
바르게 생활하겠습니다.
부처님께서는 바른 생활이야말로 수행의 기초이자
전부라고 말씀하셨습니다.
부처님의 제자로서 바른 생활부터 실천하겠습니다.
새해에는 짧은 시간일지라도 자주 선정 수행을
하겠습니다.
선정 수행을 통해 마음을 차분하게 가라앉혀서
어떤 상황에서도 성내는 마음을 내지 않겠습니다.
새해에는 경전을 충분히 읽겠습니다.
실로 세상의 모든 가르침 중에 부처님 가르침보다
위대한 것은 없습니다.
부처님 가르침을 마음속에 낱낱이 새기기 위해
경전을 충분히 읽어나가겠습니다.
새해에는 오직 노력할 뿐
부족한 것에 대해 남 탓하지 않으며
내가 가진 모든 것에 감사하겠습니다.
부디 저희의 원력에 힘을 더해 주시고
지혜에 반석을 놓아 주시고
정진에 원기를 불어넣어 주소서.

법회 기도

거룩하신 부처님!
이 발원이 이웃과 사회와 나라와 세상을 이롭게 하고
모든 중생을 깨달음으로 인도하리라 믿습니다.
올해 마지막 법회를 기하여 부처님께 간절히
기도드리며, 그 간절한 바람과 함께 부처님 법
여실히 깨닫고 실천하기 위해 정진에 정진을
거듭할 것을 다시 한번 서원합니다.

나무 석가모니불
나무 석가모니불
나무 시아본사 석가모니불.

불사법회

⚘

원한과 같은 나쁜 마음에 의해 피해를 받는 것보다 타락되고
집착된 마음이 자신에게 입히는 피해가 더욱 크다.
_『법구경』제42송

인류 역사상 가장 위대하신 부처님과
지혜의 등불인 부처님의 가르침과
등불을 지키는 승가에 귀의합니다.
부처님의 가르침을 굳건하게 지킬 것을 다짐하며
부처님의 지극하신 사랑에 힘입어 간절한 마음으로
기도합니다.

지혜와 복덕 구족하신 부처님!
(   )는 창건 이래 호법과 전법의
중심적인 역할을 담당해 왔습니다.
이제 부처님의 크나큰 은덕으로
새롭게 터를 다지고 복원하여

이 도량에서 부처님 법을 펼치고자 발원합니다.

부처님, 저희는 이곳이 매우 안락한
부처님의 정토임을 믿습니다.
어떤 난관에 부딪히더라도 참된 불사를
멈추지 않도록 용기와 힘을 주소서.
힘든 일이 있을 때마다 불보살님을 의지해
다시 일어서게 하소서.
어리석은 생각이 일어날 때마다 부처님의 지혜를
불어넣어 주시고, 욕심이 생길 때마다 부처님의
칼날 같은 계율로 잘라 주시며, 분노가 일어날 때면
부처님의 자비로 용서의 아량을 갖게 하소서.

대자대비하신 부처님!
부처님의 뜻과 원이 서려 있는 이 도량을
법답게 가꾸어 부처님 법 널리 전하며
우리 사회를 바람직한 방향으로 인도하겠습니다.
저희 한 사람 한 사람이 이 도량을 만난 인연으로
부처님 법 여실하게 깨달아 만나는 사람마다
위없는 가르침을 전하게 하소서.
그리하여 겨레와 인류의 역사에
바른 진리가 더욱 빛나게 하소서.

모든 중생이 빠짐없이 보리심을 내게 하소서.

아울러 이 불사에 동참하는 모든 이들과 그 가족이
햇살 같은 부처님의 사랑 속에서 모든 어려운 일
극복하고 뜻하는 일 모두 성취하게 하소서.
저희는 이 도량을 끝끝내 가꾸고 지키어서
부처님 가르침이 세상에 영원히 머물도록 하고
온 세계를 불국토로 가꿔 갈 것을 굳게 서원합니다.

나무 석가모니불
나무 석가모니불
나무 시아본사 석가모니불.

법회 기도

기공법회

삼보님께 귀의합니다.
대자대비하신 부처님의 찬란한 은혜 광명이
햇살처럼 부어지고, 자비의 훈기가 온 누리를
감싸고 있는 오늘 (   ) 사찰 불자들은
부처님의 크신 광명 앞에 정성을 기울여 서원합니다.
오늘 저희는 불보살님의 가호 위신력에 힘입어
성스러운 호법의 대도량을 건립하고자 발원합니다.

자비로우신 부처님!
온 불자가 일심으로 단결하여 힘과 정성을 모아
불사를 완성할 것을 맹세합니다.
호국과 호법의 횃불을 밝히는 이 도량이

괴로움에 허덕이는 국민에게 새 희망이 되고
조국의 평화통일과 인류번영을 위한 발원지가 되며
불국토를 완성하는 보현행의 출발점이 되도록
가피를 내려 주소서.
더불어 불사의 임무를 자신의 사명으로 알고
불사에 동참한 모든 이들에게 지혜와 용기와
부처님의 위신력이 함께해 주시고
불사를 돕고 환희찬탄하는 모든 이들에게
무상보리의 인연이 꽃피도록 하소서.
또한 불사 공사를 담당하고 있는 모든 관계자에게
부처님의 각별하신 자비 위신력이 함께하여
건강과 지혜와 행복이 넘치게 해 주시고
처음부터 끝까지 큰 장애 없이 공사를 진행할 수
있도록 가피를 내려 주소서.

대자대비 부처님!
저희의 이 발원이 부처님의 대자비 원력 속에 이미
있음을 믿으며, 거듭 감사와 서원을 굳게 다집니다.

나무 석가모니불
나무 석가모니불
나무 시아본사 석가모니불.

법회 기도

상량법회

선업을 지은 사람은 이 세상에서도 즐겁고 다음 세상에서도 즐겁다.
더욱 즐거운 것은 선행을 되풀이하는 것이다.
_『법구경』제16송

삼보님께 귀의합니다.
대자대비하신 부처님의 찬란한 은혜 광명이
햇살처럼 부어지고, 자비의 훈기가 온 누리를
감싸고 있는 오늘 (   ) 사찰 불자들은
부처님의 크신 광명 앞에 정성을 기울여 서원합니다.
오늘 저희는 불보살님의 가호 위신력에 힘입어
대들보를 올리고 상량법회를 봉행합니다.

자비로우신 부처님!
온 불자가 일심으로 단결하여 힘과 정성을 모아
불사를 완성할 것을 맹세합니다.
호국과 호법의 횃불을 밝히는 이 도량이

괴로움에 허덕이는 국민에게 새 희망이 되고
조국의 평화통일과 인류번영을 위한 발원지가 되며
불국토를 완성하는 보현행의 출발점이 되도록
가피를 내려 주소서.
더불어 불사의 임무를 자신의 사명으로 알고
불사에 동참한 모든 이들에게 지혜와 용기와
부처님의 위신력이 함께해 주시고
불사를 돕고 환희찬탄하는 모든 이들에게
무상보리의 인연이 꽃피도록 하소서.
또한 불사 공사를 담당하고 있는 모든 관계자에게
부처님의 각별하신 자비 위신력이 함께하여
건강과 지혜와 행복이 넘치게 해 주시고
처음부터 끝까지 큰 장애 없이 공사를 진행할 수
있도록 가피를 내려 주소서.

대자대비 부처님!
저희의 이 발원이 부처님의 대자비 원력 속에 이미
있음을 믿으며, 거듭 감사와 서원을 굳게 다집니다.

나무 석가모니불
나무 석가모니불
나무 시아본사 석가모니불.

창립기념법회

부처님!
오늘은 (   )사찰의 (   )주년 기념일입니다.
부처님과 부처님의 가르침에 엎드려 예배하며
오직 부처님 가르침을 널리 펴겠다는 일념으로
도량을 가꾸어 온 사부대중이 모여
간절한 마음으로 발원합니다.
이곳을 찾는 모든 사람이 부처님 법 믿게 하시고
모든 사람이 그 가르침을 실천하게 하소서.

거룩하신 부처님!
이곳을 정진과 전법의 도량으로 가꾸고자 합니다.
저희의 원력에 방편과 지혜를 더해 주소서.

저희는 이곳에서 자비심을 열심히 익히겠습니다.
자비가 내 몸이 될 때까지 정진하겠습니다.
저희는 이곳에서 선정 수행을 열심히 하겠습니다.
언제나 고요한 마음을 유지하겠습니다.
저희는 이곳에서 알아차림을 열심히 닦겠습니다.
늘 알아차림 속에서 어리석은 마음을 떨치겠습니다.
저희는 이곳에서 전법의 보현행을 실천하겠습니다.
온 누리에 부처님의 가르침을 전해 세상을
불국토로 만드는 데 앞장서겠습니다.

신과 인간의 스승이신 부처님!
저희 모두 일심으로 발원하니
이 도량에서 열심히 정진하고 전법한 성과를
일상에서도 구현하게 하소서.
더불어 오늘 함께 발원한 인연 공덕으로
법회에 동참한 일체중생이 위없는 보리심을 내고
성불의 길에 함께 오르도록 굽어살펴 주소서.

나무 석가모니불
나무 석가모니불
나무 시아본사 석가모니불.

새 법우를 맞으며

마음은 끝없이 헤매고 홀로 움직이며 물질이 아니면서도
물질 속에 머문다. 어느 누구건 그것을 잘 다스리는 사람은
악마의 영역에서 벗어나리.

_『법구경』 제36송

부처님!
오늘 법회에 새로운 법우들이 동참했습니다.
저희는 진심으로 신입 법우들을 환영합니다.

부처님께서 모든 중생의 이익과 행복을 위해
법을 설하셨듯 새로운 법우들을 위해
부처님의 가르침을 성실하게 전하겠습니다.
부디 새로운 법우들이 부처님의 가르침을
부지런히 공부하고 충실히 실천하기를 기원합니다.
그리하여 법우들이 뜻하는 바대로 원만히 성취하고
가정이 행복하며, 가족 모두 건강하고 평안하기를
진심으로 기원합니다.

나무 석가모니불

나무 석가모니불

나무 시아본사 석가모니불.

법회 기도

7

호법 · 전법 · 공양 기도

선업을 지은 사람은
이 세상에서도 즐겁고
다음 세상에서도 즐겁다.
더욱 즐거운 것은
선행을 되풀이하는 것이다.

호법 서원

마음이 안정되어 있지 않고, 진리를 모르며, 믿음이 확고하지 않은
사람은 지혜를 완성할 수 없다.
_『법구경』제38송

어두운 세상에 지혜의 등불을 밝히신 부처님!
부처님과 부처님의 가르침에 귀의합니다.
부처님의 가르침은 길 잃은 저희가 의지할
나침반입니다.

부처님의 가르침은 조화와 화합의 가르침입니다.
부처님께서는 모든 생명이 연결되어 있으니
서로를 사랑하라고 가르치셨습니다.
부처님의 가르침은 용서와 화해의 가르침입니다.
부처님께서는 원한으로 원한을 갚을 수 없으니
자신에게 해를 끼친 이조차 너그러이 용서하라고
가르치셨습니다.

이토록 위대한 가르침이 영원히 지속되기를
염원하면서 열심히 경전을 읽고 가르침에 따라
부지런히 수행하겠습니다.
계율을 목숨처럼 지키고 선정 수행으로 마음을
차분히 가라앉히고, 항상 몸과 마음과 느낌을
잘 관찰하고 알아차리겠습니다.
신과 인간의 이익과 행복을 위해 부처님 가르침을
지키고 전하는 일에 혼신의 힘을 다하겠습니다.
처음도 좋고 중간도 좋고 끝도 훌륭하게
부처님 법을 전하겠습니다.

자비로우신 부처님!
바라옵건대, 부처님 가르침을 지키겠다고 서원한
이들과 그 가족들이 항상 평안하고 행복하도록
가피를 내려 주소서.
다시 한번 최선을 다해 부처님 법을 지키고
널리 펼 것을 굳게 서원합니다.

나무 석가모니불
나무 석가모니불
나무 시아본사 석가모니불.

전법 서원

❡

나와 그대들은 이제 신과 인간의 모든 속박으로부터 자유를 얻었다.
그대들이여, 이제 전도의 길을 떠나라. 인간과 신들의 이익과 행복을 위해
머물지 말고 떠나라.

_『율장』 '전도선언'

"나와 그대들은 이제 신과 인간의
모든 속박으로부터 자유를 얻었다.
그대들이여, 이제 전도의 길을 떠나라.
인간과 신들의 이익과 행복을 위해
머물지 말고 떠나라.
두 사람이 같은 길을 가지 말고 혼자서 가라.
그대들이여, 처음도 좋고 중간도 좋고 끝도 좋은
법을 이치에 맞게 조리 있게 설하라.
그리고 언제나 깨끗하고 청정한 실천행을
보여 주어라."

부처님의 전도선언은 참으로 모든 생명을 향한

지극한 자비심의 발로였습니다.
그 은혜에 엎드려 절하며 간절한 마음으로
발원합니다.

지혜롭고 자비로우신 부처님!
저희는 부처님의 전도선언에 담긴 뜻을
열과 성을 다하여 실천하겠습니다.
더불어 정성을 다해 전법의 원을 세워 행한 곳에는
언제나 부처님의 크신 위신력이 함께할 것을
굳게 믿습니다.
이제 서원을 새로이 하여 부처님 광명을 받들어
봉사 전법에 더욱 헌신할 것을 맹세합니다.

부처님!
법성의 지혜로 저희를 더욱 밝혀 주시고
인류 역사를 밝혀 가는 보살행을 담당하게 하소서.
저희는 보현행원을 받들어 이웃이 고난과 어둠 속을
헤맬 때 몸 바쳐 돕겠습니다.
온 겨레의 가슴에 바라밀의 등불이 빛나도록 힘써서
저희에게 주어진 전법 과업을 달성하겠습니다.
그리하여 온 겨레와 온 우주를 부처님의 자비광명으로
빛나게 하겠습니다.

저희의 봉사·헌신·전법의 정진이 원만히 성취되어
부처님의 크신 은덕 갚게 하소서.
오늘 이 발원이 부처님의 크나큰 원력 속에서
성취될 것을 믿으며 거듭 머리 숙여 서원합니다.

나무 석가모니불
나무 석가모니불
나무 시아본사 석가모니불.

법공양

부처님과 부처님의 가르침과 부처님의 가르침을
전하고 지키는 승가에 귀의합니다.

지혜와 복덕 구족하신 부처님!
저희는 오늘 자그마한 정성을 모아 부처님의
경전을 여러 도반에게 법보시 하고자 합니다.
저희의 이 조그만 정성이 부처님 법을 공부하는
모든 이들의 마음에 활력이 되기를 간절히
기원합니다.
더불어 경전을 읽는 모든 불자가 부처님 법을
여실하게 깨달아 무상보리를 증득하게 하소서.

자비로우신 부처님!
오늘 법공양의 인연으로 부처님 가르침을
자신의 몸과 마음으로 삼겠습니다.
저희가 뜻하는 바를 이룰 때까지 바른 목표를 향해
끊임없이 정진하도록 가피를 내려 주소서.
바른길을 도모하는 한 불퇴전의 용기를 주시고
계를 지켜 몸과 마음을 항상 바르게 지니게 하시고
영가들은 극락에 왕생케 하시며
세상의 모든 불자가 위없는 보리도를 이루게 하소서.

나무 석가모니불
나무 석가모니불
나무 시아본사 석가모니불.

연등공양

🌱

아름다운 꽃을 찾아 헤매듯 마음이 감각적 쾌락에 빠져 있는 자를
죽음은 순식간에 앗아간다. 마치 잠든 마을을 홍수가 휩쓸어 가듯이.
_『법구경』 제47송

부처님의 공덕바다 다함이 없고
큰 광명 시방세계 널리 비추니
세상의 언어 다 모아 환호해도 모자랍니다.
저희는 긴 세월 윤회하며 욕심내고 성내고
어리석은 마음으로 온갖 죄업을 쌓았습니다.
지난날을 참회하며, 이제 저희 안에
부처님 마음을 내어 작은 등불 하나 보시하니
부디 저희가 지은 어둠을 조금이나마 소멸해 주소서.

저희가 바치는 믿음의 등불, 마음의 등불이 언제나
꺼지지 않는 부처님의 영원한 빛으로 남게 하소서.
저희가 가족을 지키는 수호등 되게 하시고

잘못된 길로 가는 이에게 등대가 되게 하시며
모든 이에게 지혜의 법등(法燈)으로 길이 남게 하소서.

태양이 온 세상을 골고루 비추듯
자비의 마음 한량없으신 부처님!
저희가 밝히는 이 연등의 인연으로 세세생생
모든 이웃과 중생이 지혜의 횃불을 얻어
부처님 법 안에 편안히 머무르길 소원합니다.
모두가 부처님의 광명을 얻어 온갖 죄악을 깨뜨리고
자신 속의 부처 성품 바로 보길 원합니다.
그리하여 다 함께 이 세계를 불국토로 만들어 가기를
기원합니다.
오늘 정성껏 올리는 이 기도와 발원으로
세상 모든 중생이 하나 되고 평안하게 하소서.

나무 석가모니불
나무 석가모니불
나무 시아본사 석가모니불.

온 세상 위로든 아래로든
앞으로든 뒤로든 옆으로든, 원한도 적의도 없이
무량한 자애를 닦아 나가라.

불교 기도문

매 순간 행복해지는
마음 습관

ⓒ 동명, 2023

2023년 2월 20일 초판 1쇄 발행
2024년 6월 21일 초판 3쇄 발행

지은이 동명
발행인 박상근(至弘) • 편집인 류지호 • 편집이사 양동민
책임편집 양민호 • 편집 김재호, 김소영, 최호승, 하다해, 정유리 • 디자인 쿠담디자인
제작 김명환 • 마케팅 김대현, 김선주, 이선호 • 관리 윤정안
콘텐츠국 유권준, 정승채, 김희준
펴낸 곳 불광출판사 (03169) 서울시 종로구 사직로10길 17 인왕빌딩 301호
　　　　대표전화 02) 420-3200 편집부 02) 420-3300 팩시밀리 02) 420-3400
　　　　출판등록 제300-2009-130호(1979. 10. 10.)

ISBN 979-11-92476-92-6 (03220)

값 17,000원